-li-

littérature intérieure

La citation p. 7 est extraite des *Notes de chevet* de Sei Shonagon, trad. André Beaujard

La citation p. 145 est extraite de *Mon cartable et autres poèmes à réciter* de Pierre Gamarra, IDlivre jeunesse, 2006.

Conception graphique
Élodie Cavel

Typographies
Nuances de Blaze Type
Miller Text de Carter & Cone

Composition et mise en page
Nord Compo

15, boulevard Gabriel Péri
922240 Malakoff Cedex

ISBN : 978-2-227-50302-1
Dépôt légal : août 2025

Touhfat Mouhtare

Choses qui arrivent

bayard

-li-

Pour Djané

Choses embarrassantes

Quelqu'un vous raconte, en sanglotant,
une histoire pitoyable ;
on l'écoute avec une sincère compassion.
Cependant, il se trouve justement
qu'on ne peut verser une larme.
On se compose le visage
comme si l'on était près de pleurer,
on prend un air de circonstance ;
mais tout cela ne change absolument rien !

Sei Shonagon, *Notes de chevet*

La joie

« Il ne faut pas se réjouir trop et trop longtemps. Cela te rend aussi perméable qu'un bout de pain plongé dans du thé : tu gonfles, et tu finis par exploser. »

Nous rions, ma meilleure amie et moi, de cette théorie qui nous vient de sa mère. Assises dans les fauteuils abîmés de l'agence de voyages, nous attendons que l'homme en face de nous lui trouve une place pour Antananarivo.

« Ta mère possède vraiment une science à elle toute seule », lui dis-je.

Pourtant, je me surprends moi-même à écourter mes joies. Non parce qu'elles sont éphémères, le caractère labile des petits plaisirs de la vie est aussi ce qui fait leur charme et je n'en suis pas triste. La joie à laquelle je fixe un plafond, c'est la soirée qui se mue en nuit endiablée ou en confidences chuchotées, l'exposition qui donne lieu à de longues conversations avec une étrangère, la répétition de chant qui se prolonge, l'après-midi à la piscine qui pourrait encore durer, mais que pour une raison obscure, je coupe en deux.

Ainsi ai-je interrompu, un jour d'avril, mon séjour légal en France. L'épuisement a pris le pas sur la peur d'être en situation d'irrégularité. Le prix à payer pour cette autorisation de tranquillité était beaucoup trop élevé. Deux ou trois aubes par an. Plus que cela : une nuit entière et la journée qui lui succède, pour obtenir la première place devant le guichet de renouvellement des séjours à la sous-préfecture. Chaque année, ils étaient des centaines à former une file qui se mue d'abord en chenille, puis en spirale, tout autour du bâtiment administratif dont ils dépendent : étudiants, travailleurs, parents d'enfants nés sur le sol français, enfants nés ici de moins de dix-huit ans, de parents non français. Les rejoignent, aux premières lueurs de l'aube, ceux qui ont enfin gravi la colline du permis de conduire, et qui, en venant récupérer leur titre, comprennent les propos de Mandela enfin libre : « Une fois atteint le sommet d'une colline, tout ce que l'on découvre, c'est un enchaînement d'autres collines. »

Avant de partir pour Madagascar, mon amie m'a dit qu'elle ne regrettait rien.

« Je n'ai pas décidé de venir en France.

— Moi non plus. »

Tels furent nos adieux.

Lorsque ma sœur aînée, qui m'hébergeait, a découvert que je n'avais pas honoré mon rendez-vous et s'est enquise de la raison à cela, je lui ai répondu que ce dernier avait été déplacé, terrifiée à l'idée de ce qui m'attendait désormais.

La veille, j'avais rêvé d'un tigreau, acheté dans ces bazars de quartier qui n'existent que dans les rêves — où l'on trouve, dans les mêmes rayonnages, de la nourriture, des vêtements, des instruments de musique, des bijoux et des meubles. Sur la route, le fauve avait grandi, gonflant mon sac, puis s'était lancé à ma poursuite. Il s'était arrêté net devant la grille de la résidence où je venais de me réfugier, rivant à mes yeux non pas un regard, mais une interrogation.

Je ne partirai pas tant que tu n'auras pas répondu à ces questions, me disaient ses deux fentes noires. *Pourquoi restes-tu, et pourquoi l'idée de demander l'autorisation de rester te révulse-t-elle tant ? Qu'est-ce que tu tais ainsi ?*

Aujourd'hui, quand je pense à cette période de flottement étrange, je suis en mesure de livrer le pendant de la phrase de l'ancien président sud-africain.

Lorsqu'on refuse de gravir une colline, tout ce que l'on réalise, c'est qu'à la place du repos espéré s'ouvre sous vos pieds un enchaînement de béances sans escalier, où en écho à vos cris d'effroi revient la même expression : *retour à la case départ.*

On raconte, dans mon entourage, que les Comoriens sont des explorateurs invétérés. Au point que, plaisante-t-on, lorsque Neil Armstrong marcha sur la lune, il croisa un homme, et alors qu'il le regardait, interloqué, celui-ci le gratifia du salut comorien — *Bariza ?*

Dans l'espace-temps d'où je viens, on ne saute pas longtemps de joie en apprenant que l'on a obtenu son baccalauréat. On se réjouit montre en main. Dans un premier temps, on suit l'annonce des lauréats, à la radio. L'animateur égrène les noms un par un, centre d'examen par centre d'examen, région par région. Autant de pelures d'oignon qu'il enlève lentement, à croire qu'il prend plaisir à éplucher ainsi les cœurs qui palpitent parfois jusqu'au paroxysme de l'angoisse, conduisant certaines et certains à l'hôpital — *Untel a fait une crise*, murmure-t-on parfois en riant nerveusement. L'énergie de l'animateur était au maximum lorsqu'il annonça le premier numéro, on l'imaginait presque sautiller d'enthousiasme si n'y poignait la solennité qui sied au moment.

Je comptais, moi, les perles de mon chapelet, balançant mon corps d'avant en arrière sans m'en rendre compte, l'oreille accrochée à mon petit poste, isolée dans ma chambre, tandis que ma famille écoutait, plus loin, dans la cuisine ouverte sur l'extérieur, accueillant les voisins et les amis venus me soutenir dans l'attente.

Lorsque mon numéro d'enregistrement avait jailli sur les ondes, évidemment, nous avions sauté, hurlé, à l'unisson. Mon oncle, parti écouter les résultats dans son restaurant préféré, était rentré avec la pizza qu'il avait promis de m'acheter en cas de réussite. On m'avait chanté des berceuses truffées d'éloges ; on m'avait offert une robe neuve, tout droit sortie de chez le tailleur, en *leso* bleu à fleurs blanches, et le châle correspondant, portant l'inscription encadrée « Que la victoire soit toujours tienne ».

Cependant, comme je l'ai dit, dans cet espace-temps, la joie ne devait pas durer. Il ne faudrait pas gonfler dans le thé, comme cette idiote de mie de pain. Car la bataille ne faisait que commencer. L'épreuve suivante était l'obtention du visa pour la France, où résidaient des membres de ma famille. Si j'étais née garçon, nul doute que l'on m'aurait demandé où je voulais aller. « Avec un esprit aussi vif que le tien, si tu avais été un garçon, je ne te verrais que tous les cinq ou six ans », avait plaisanté un jour mon père. « Je t'appellerais et tu me dirais coucou Papa, je m'envole pour Singapour, pour Dubaï, pour le Chili ! »

La réponse à la demande de visa peut prendre du temps. Elle s'effectue à l'ambassade, devant ce qui s'apparente à un guichet, que j'appellerais plutôt une lucarne creusée à même le mur d'un bâtiment vétuste. Nous nous étions entassés par dizaines sous la véranda improvisée durant les années 1970, à la hâte sans doute, après la grande période des indépendances. Nous venons de villes et de régions différentes, mais c'est la même urgence qui agite nos jambes et pousse notre pied, gauche ou droit selon la préférence, à battre une mesure endiablée. Partir. Pour réussir. Que ces nombreuses années de scolarité n'aient pas été vaines.

La vacuité, l'inutilité, la déception constituent désormais une épée de Damoclès, et pas seulement un simple évènement de la vie ; il devient vital de faire de chaque pas une réussite dont on pourra s'enorgueillir, parce que tout mouvement mettra notre vie en jeu.

Vous attendez ainsi durant plusieurs semaines, ce qui ajoute au stress inhérent à la période des inscriptions à l'université. Juillet, août, septembre, et le couperet du visa, de l'argent pour acheter le billet, de la place achetée avant même de savoir si l'on obtiendra le visa, de l'inscription à l'université locale pour faire semblant d'étudier la pédagogie au pays, en cas de refus. J'ai empêché ce carrousel de tourner dans ma tête durant ces instants, me suis réfugiée dans la joie d'avoir franchi une étape et d'avoir vu mes amis y parvenir aussi, c'était tout de même un accomplissement.

Lorsque mon père avait débarqué dans le salon, tout heureux de brandir mon passeport à la page tamponnée, je m'étais écroulée, littéralement, de joie, ou de soulagement, ou des deux à la fois. Je me souviens de la pointe de honte que j'avais tout de même ressentie à l'idée d'être heureuse de tout quitter. Père, mère, maison familiale, repères amicaux.

Rentrer en train chez ses parents le week-end après une semaine éreintante à la fac, cela n'existe pas dans le monde que nous avons créé pour certains.

« Tu seras livrée à toi-même », avait statué mon père. « Même accueillie par la famille, tu seras ta propre garante. Ne te laisse donc jamais abattre. Embrasse le sol du pays où tu te rends, pour lui signifier que tu absorbes ses bienfaits, mais que lui ne t'avalera pas. Et surveille tes arrières. »

J'avais dix-huit ans, un état d'esprit encore moins mature, et l'excitation du voyage, que je connaissais déjà depuis bien longtemps, ne m'avait pas permis de comprendre à quel point ma vie était en train de basculer. Pour toujours.

Comme tout déménagement, l'arrivée en France d'un étudiant étranger peut entraîner l'effondrement de tout le système sur lequel son existence reposait. J'avais commencé l'adolescence seule face aux tempêtes émotionnelles qui soufflent sur les jeunes filles ; j'y avais mis fin en France lorsque mon petit ami de l'époque, aveuglé par la beauté des cheveux tombant en cascade (qu'il me pardonne de lui attribuer ces formules surannées), et des couchers de soleil sur les fleuves (même assignation arbitraire), m'avait progressivement abandonnée à mon sort. En route vers la France, dans l'avion d'une compagnie aérienne ultramarine, nous avions pourtant établi ensemble un accord de solidarité pour survivre en pays étranger, et apparemment hostile. Ledit contrat, tout comme l'opérateur aérien, avaient cessé d'exister à la minute où nous avions foulé le sol de l'Hexagone. Comment lui en vouloir ? J'arrivais aussi hébétée que lui.

Le b.a-ba de la vie d'étudiante étrangère m'échappait complètement, le lexique ne m'avait pas été communiqué, ou alors, s'il l'avait été, je n'y avais pas accordé plus d'attention qu'à une page de publicité entre deux scènes de la nouvelle vie que je me construisais patiemment.

L'absolue nécessité de se rendre aux aurores à la préfecture, parfois la veille au soir, voire la veille en plein après-midi, pour espérer être reçue le lendemain à neuf heures, me révulsait, et je repoussais volontiers mon passage à cause de cela. Danser la polka durant plus de trois heures pour éviter que la neige ne refroidisse vos bottes. Sentir vos orteils se durcir quand même, parce que le froid ne connaît aucune barrière. S'emballer dès que, à un quart d'heure de l'ouverture des bureaux, le portail s'entrouvre. Subir les cris enroués, déjà fatigués de la longue journée qui s'annonce, des agents qui distribuent les tickets dehors, pour mieux contrôler le flux.

Trembler à l'idée que la personne juste devant vous ne soit la dernière à recevoir un ticket, et que l'on vous dise : « Le reste, vous pouvez rentrer chez vous, il n'y a plus de place, revenez demain. » Se surprendre à regarder de travers ceux qui sont venus bien en avance, et qui se reconnaissent à leurs plaids et à leurs coussins empilés juste devant les portes vitrées, leur thermos presque vide, les valises sous leurs yeux. Sentir vos pieds se décongeler littéralement une fois que vous êtes au chaud — à peu de chose près, la même sensation que celle des fameuses fourmis dans les jambes. Se décomposer lorsque l'agent du jour est le plus laconique de tous : celui qui parle par monosyllabes et qui donne des réponses préformatées.

Parfois, du baume au cœur. Un agent dont je me souviens très bien, particulièrement mince, toujours en col roulé noir, front dégarni, début de calvitie, cheveux châtains très rares. Un petit air du Jean-Jacques Goldman quadragénaire. Il baissait les yeux et parlait à voix basse, donnait plusieurs instructions en une seule phrase pour éviter de se faire prendre en train d'aider les personnes les moins préparées. « Faites une copie et repassez ici sans prendre de ticket, où habitez-vous, ce n'est pas loin, allez récupérer votre document et repassez, je serai là à treize heures quinze pas avant. (Puis il élevait la voix :) Au revoir, au suivant ! »

À la fin de la période d'études, des questions que je n'avais pas à me poser jusque-là émergèrent. La plus pressante d'entre elles concernait le choix entre mariage et célibat. Comme de nombreux endroits du monde, mon île n'a pas échappé à cette maxime : femme célibataire, anomalie de la nature.

Il est impossible d'être bien portante, intelligente et pas trop laide, et de ne pas trouver un homme qui puisse se réjouir de tout cela, du moins durant quelques mois, avant que ne frappe le sabre de la routine. Il faut continuer à s'occuper de quelque chose : d'études, puis d'un époux, ensuite d'un enfant, d'un deuxième, et enfin de ses parents, de sa communauté, de sa ville au pays. Il est impossible de rester les mains vides, de se promener les bras ballants dans Paris, fomentant des projets trop personnels.

On ne s'installe pas comme cela dans son propre appartement sans être accusée, plus ou moins implicitement, d'avoir ouvert un lupanar. Cette chaîne de suspicion pourrait remonter jusqu'aux origines du monde ; toutes les femmes possèdent sous leur lit le corps oublié d'une aïeule qui est sortie des carcans, et dont l'histoire a été transformée en un conte dissuasif. La trame de ce dernier peut changer au fil des générations, mais le principe reste le même : gare au maillon qui sort de la chaîne. Je n'étais pas encore en mesure de savoir ce que je cherchais, ce que je voulais dans ce domaine. Je ne sais toujours pas si je le suis aujourd'hui.

Ainsi craignais-je, j'en ai bien peur, que ce plaisir d'être bientôt libre ne s'ancre en moi, ne s'installe dans mes cellules, et qu'au moment où moi aussi j'y prendrais mes aises, j'en sois éjectée d'un coup sec, fût-il du destin. Le même réflexe me pousse à interrompre l'écriture de ce paragraphe dans lequel je sens que mon esprit s'enfonce déjà comme dans un nouveau logement, y clouant le décor des adverbes et des synonymes, lançant la musique de fond qui bat une mesure intérieure. Une sorte d'état de qui-vive permanent, mais nécessaire.

D'où peut-elle bien venir, cette idée de se tenir entre deux fils, est-ce la rançon de la liberté dont on jouit quand on n'est pas né ici, défait de toute attache et des exigences familiales, du moins pour un temps, sachant qu'un jour l'épée finira par s'abattre sur la nuque ? Ou ce sentiment qu'il faut s'arrêter viendrait-il du fond des âges d'une vie, aurait-il été dicté par une succession de voix auxquelles j'étais tenue d'obéir séance tenante, de par la place que j'ai occupée dans les différents cercles qui m'ont accueillie ?

Mais, dans ce cas, c'est l'état d'esprit contraire qui devrait se manifester : profiter de la vie, de l'anonymat, de l'impunité face à sa tradition d'origine aussi longtemps que l'on peut, pendant que l'on chemine vers ce que l'on sait être l'abattoir à rêves, le couperet qui tranche dans l'individualité.

Toutes ces élucubrations me donnaient faim autant qu'elles m'épuisaient. Aussi quittai-je la conformité administrative exigée des étrangers quand la fatigue et le sommeil l'eurent emporté sur le sentiment d'urgence permanente qu'induisent les démarches de renouvellement de séjour. Ou alors est-ce l'inverse qui s'est produit, c'est plus plausible ainsi : la sensation d'être constamment sur le point de tout perdre a le pouvoir corrosif de l'eau sur le fer. Vivre dans cet impératif, en tant qu'étudiante étrangère sans ressources en pays dominant, revient à marcher le long d'une crête. Expérience exaltante quand elle dure quelques années seulement ; au-delà, l'épuisement vous bondit tôt ou tard dessus, vous écrase de son poids, faisant de tout appel d'air, même vicié, le bienvenu.

La déchéance de résidence m'avait mise dans une situation que de nombreuses femmes, hommes aînés de leurs familles ou parents m'auraient enviée : m'occuper de moi, en priorité.

Quand tout vous intime l'ordre de prendre garde à ne pas trop vivre, cela déclenche un mécanisme par lequel votre corps se rend compte qu'il va falloir arrondir le dos, avaler les boyaux, retenir son souffle, fermer tous les pores par lesquels celui-ci est susceptible de s'échapper. Se retenir de respirer trop fort, au risque d'être entendue. Mais surtout, se taire pour préserver celles et ceux dans la même situation que soi. Toutes ces personnes qui marchent avec vous sur la corde raide et qu'un seul gémissement de votre part pourrait trahir. Ne pas posséder de situation administrative régulière compromettait votre intégrité sociale : l'enjeu, avant tout, est d'éviter de vous faire plaindre par vos amis mieux installés dans la vie.

Pour cela, vous achetez votre ticket de métro en cachette, si vous vivez en ville. Autrement, cela laisse supposer que vous étiez soit trop pauvre pour souscrire à un abonnement pour les transports, soit hors des conditions nécessaires pour ce faire.

Si votre carte bancaire est périmée, ne le signalez pas à votre établissement. On pourrait vous demander votre titre de séjour, et vous dénoncer si vous ne le fournissez pas. Retirez plutôt de l'argent liquide au guichet de la banque. Ne présentez pas votre récépissé périmé ; montrez plutôt votre passeport.

Vous êtes une femme étrangère d'une famille cotée : n'informez surtout pas vos compatriotes de votre état. Voulez-vous devenir une proie ?

Perdre ses papiers équivaut à se faire amputer de deux jambes psychiques, même de manière temporaire. La première jambe est celle de la sécurité, la deuxième, celle de la dignité.

Mon pays m'aurait accueillie à bras ouverts si j'avais décidé, comme ma meilleure amie, d'y rentrer, lasse de vivre avec la crainte d'être démasquée, puis emmenée séance tenante dans quelque salle obscure remplie de lits superposés. Il m'aurait souhaité la bienvenue, proposé les postes les plus importants, grâce à la voix de mon père qui portait encore assez loin. Puis il aurait exigé de moi la rançon du séjour qu'exige tout endroit, la promesse de loyauté, la conformité sociale.

Entre le flottement et l'appartenance, qu'est-ce qui pesait le plus lourd ? Comment en décider ?

Djibril entra dans le café où nous avions rendez-vous, mettant fin à ma rêverie. Il était le président du Collectif, une association de personnes en situation irrégulière qui militait pour que l'on accorde certains droits aux sans-papiers : aide médicale systématique, droit de vote aux élections municipales, assistance juridique en cas de litige. Des gens souhaitant passer du statut de numéros à celui de quelqu'un.

Il avait travaillé cinq ans en Libye, deux ans en Italie, trois ans à la frontière franco-italienne, avant de réussir à entrer sur le territoire français, cinq ans après son départ de la Guinée, pour déposer sa demande d'asile. À côté de lui, je faisais piètre figure. Petite joueuse intimidée par une toute petite erreur administrative quand lui, lui, avait vu l'innommable durant son périple, femmes à la merci des passeurs, hommes battus et nourris au compte-goutte par de véritables garde-chiourmes, tentes de fortune, aucun père pour envoyer une centaine d'euros au début de chaque mois.

« On peut ergoter pendant des heures de la politique étrangère française vis-à-vis de ses anciennes colonies, ça ne changera rien au fait que c'est ici que tu peux te construire comme tu l'entends, et participer au débat, expliqua Djibril. L'humanité est une entité mouvante. Tout est appelé à bouger. Même le sable du Sahara se déplace jusqu'en Amazonie pour y fertiliser la terre ! »

Djibril me servit du thé, et des conseils, comme un loup qui informerait ses petits sur les dangers de la forêt. D'abord, aller voir un avocat à l'assistance juridique. Ensuite, envoyer une demande de recours au tribunal de mon département, afin de plaider ma cause, même seule. L'idée n'était pas d'obtenir gain de cause immédiatement, mais de faire savoir que j'agissais pour ne pas vivre dans l'indigence administrative, que je faisais partie de ces personnes qui servaient en silence les intérêts économiques du pays, tout en encaissant les accusations en tout genre. Tandis qu'il parlait, je pensai de nouveau à ces mots amers d'un de mes oncles :

« Tous ces jobs que beaucoup exercent mais pas pour le même salaire, disait-il souvent, nous les occupons pour une rémunération risible avec laquelle nous payons nos impôts. Mais tu vas voir, demain, quand ce sera la crise pour tout le monde parce que les riches auront encore oublié de payer leurs taxes, c'est sur nous qu'ils viendront taper. Croient-ils que nous ne sommes personne, là d'où nous venons ? Ne savent-ils pas que nous sommes rois et reines, que nous n'avons pas de villages mais des villes, des cités séculaires, millénaires ? C'est terrible. Je me fais rabrouer ici afin de conserver mon droit d'en faire autant là-bas. Tel est mon lot de consolation. »

Quand il parlait ainsi, je réprimais un haut-le-cœur et mes molaires se disputaient un bout de mes joues. Cette narration m'irritait. Je ne m'y retrouvais pas. Je n'avais pas grandi avec une idée de mon statut social, avec la retenue — encore elle — que cela exigeait. Pourtant je l'observais, cette réserve, par un effet de loyauté qui avait sans doute un jour servi à ma survie.

Cependant, une part de moi *savait* lâcher la corde. Elle profita de la période d'irrégularité dans laquelle j'étais tombée pour émerger, bout par bout, dans ma vie. Elle ne s'était jamais souciée des apparences, de briller sous les feux de la rampe. Elle osait danser sous la pluie et aucun jugement ne l'atteignait. Elle se manifestait rarement, mais quand je la sentais surgir, j'en buvais chaque goutte avec avidité.

Avant de partir, Djibril déposa un billet de vingt euros sur la table, pour payer la note, et me gratifia d'une tape d'encouragement sur le dos.

Mes neveux dormaient déjà quand je suis rentrée, j'avais manqué l'heure de l'histoire du soir. Quand je leur racontais une histoire, je n'étais plus l'étudiante sans papiers qui s'était crue chez elle, mais un prince idiot et aventureux, une reine extra-terrestre, une rock-star transformée en abeille. Nous inventions des mondes qui tenaient dans l'espace entre leurs lits superposés, et je parvenais à les faire rire. Cela me changeait des visages renfrognés de la préfecture.

Peut-être devrait-on raconter des histoires aux agents des guichets, en leur laissant le choix des personnages.

Dans la cuisine, je croquai une noix de cajou, témoin sacrificiel de mes observations, quand un morceau de dent se détacha et tomba sur ma langue. Lentement, je l'extirpai de ma bouche, avalai la noix pulvérisée tout en contemplant l'éclat blanc. Je le plongeai dans un bocal d'eau salée et décidai, le lendemain, de me rendre au tribunal de grande instance. Où j'avais trouvé la force d'avaler ma timidité face à l'imposante façade, je n'en ai aucune idée.

Nos dénuements, même s'ils sont involontaires, nous placent face à nos pensées, et parfois, sans nous en apercevoir, nous faisons un pas en avant.

De l'autre côté du bureau en noyer verni de l'avocat, j'exposai mon cas en tentant de maîtriser la vague de tremblement qui dévalait mon dos à certains moments du récit. Il écouta patiemment, puis il prit une feuille et un stylo, et commença, tel un médecin, à rédiger l'ordonnance.

« Ne fréquentez pas les grandes gares : gare du Nord, gare Saint-Lazare, gare Haussmann Saint-Lazare, gare d'Austerlitz, gare de Châtelet, gare de Lyon. À moins que vous ne souhaitiez rentrer dans votre pays. Mais avant cela, si l'on vous arrête, vous serez d'abord amenée dans un centre de...

— Je n'irai pas dans ces gares, l'interrompis-je, le cœur déjà essoufflé.

— Très bien, fit-il après m'avoir longuement observée. Vous m'avez l'air sidérée. Vous n'aviez pas prévu d'être sans papiers, n'est-ce pas ?

— Est-ce une chose que l'on prévoit ? »

Il enchaîna d'autres prescriptions, les unes à la suite des autres. Un collier de perles gravées de ces deux mots : « ne pas ». Ne pas rester sur le même trottoir que deux personnes qui se bagarrent ; ne pas rester sans inscription dans une école quelconque ; ne surtout pas frauder les transports ; ne pas passer mes journées à la maison.

« Cette dernière, c'est pour votre bien psychique. Vous deviendrez folle, sinon. Faites tout, tout, pour ne pas perdre la raison, jusqu'à ce que les choses s'arrangent pour vous. »

Je quittai le tribunal, armée de ma liste d'interdits. Dehors, il bruinait. J'eus envie de lever le visage vers le ciel, quand une voix étrangère à ma gorge et pourtant bien ancrée dans mon ventre faillit interrompre mon mouvement : « Attention aux fientes de pigeon ! Quelle mort stupide ce serait, pour la fille d'Untel venue poursuivre ses études, que d'étouffer sous autre chose que son impressionnant relevé de notes ! »

En France, un étranger sans papiers doit justifier d'un certain nombre d'années d'activité, de travail et de paiement d'impôts, avant de pouvoir demander une régularisation de sa situation. Pour être en règle, vous devez légèrement enfreindre la règle. Vous ne pouvez pas entrer en piste, mais vous devez veiller à danser en périphérie. Demeurer visible sans vous faire repérer. Je pourrais énumérer les métaphores de ce genre longtemps encore, tant elles se sont égrenées dans mon esprit durant ma période de jachère.

L'attente a duré quatre années. Après six ans d'études sans avoir le droit de redoubler, sous peine de ne pas voir mon titre de séjour renouvelé, j'étais revenue au point de départ, le couteau de nouveau sous la gorge, la lame plus appuyée qu'avant contre la peau, cette fois-ci. On me sommait de nommer un gouffre que je n'avais pas creusé, de répondre à une question que je fuyais depuis le début de cette affaire : *avons-nous le droit de vivre ?*

Je l'avoue, je commençai moi-même à douter du bien-fondé de ma présence sur ce territoire. Pour me donner de l'allant, des arguments, je me mis à lire des ouvrages traitant de la colonisation. Je m'informai davantage au sujet de la départementalisation, jugée illégale par certains auteurs, de l'île de Mayotte, sœur géographique de mes îles natales. Ces lectures m'instruisaient autant qu'elles instillaient en moi un malaise sournois. Celui que provoque l'esprit de revanche. Nous avions le droit de venir en France parce que nous y étions chez nous, puisque avant cela, nos îles étaient françaises. Mes parents avaient été Français, jusqu'en 1975, année de la déclaration unilatérale d'indépendance de mon archipel de naissance. Donc, il était logique que je vive dans le pays qui avait été le leur.

Je comprenais la revendication. Mais elle m'enchaînait. Je m'y sentais prise, ligotée, tenue de justifier, contester, légitimer, obtenir gain de cause. Je voulais seulement vivre. L'Histoire avait fait de moi une Franco-Comorienne, malgré moi, mais la langue française, je l'aimais comme on aime l'anglais, elle me passionnait comme l'arabe, c'était une langue parmi d'autres. Une que je maîtrise, certes, du fait d'une histoire faite de violences, de rejets, de remaniements viscéraux. Mais une langue que je pouvais nettoyer, aimer, féconder avec celle que parlent mes entrailles. Tiens, me voilà qui me débats encore dans mes explications. C'est une expression que je cherche. Un mot qui résumerait mon rapport à ce pays et à cette langue que je ne pouvais pas quitter. Butin. Le français représentait mon butin de guerre.

Dans mon enfance, il a souvent fallu fuir des guerres ; en général, quand tout s'effondrait, ma famille et moi nous en allions sans attendre. Cela m'avait habituée à toujours être sur mes gardes, à ne jamais m'abandonner trop longtemps aux instants d'euphorie, forcément promesses d'une catastrophe à venir. Au moins, je connaissais cet état d'esprit. C'était mon territoire. Ce réflexe était si ancré en moi que même dans mes relations amoureuses ou amicales, j'annonce à peine mon départ, quittant la scène sans me retourner, arrachant l'intéressé de mon terreau jusqu'aux plus petites racines. Je suis passée experte dans l'art de panser les plaies à vif.

Mais attendre ? Patienter ? Poursuivre ? Je ne savais pas faire. C'était autant une torture qu'un apprentissage et cela me contrariait d'autant plus que je n'avais pas d'autre choix que celui-là, en tant que plante rempotée.

Mon père écrivit au ministre de l'Intérieur français. La lettre, adressée à la place Beauvau, vantait mes mérites et priait Son Excellence de bien vouloir renouveler mon titre de séjour, *afin que le rêve d'une jeune intellectuelle ne soit pas brisée.*

Une boule se forma dans ma gorge. Douce, tendre, cotonneuse. Je crois que c'est le « e » ajouté à « brisé », si lourd de son sens caché, qui me fit chanceler. Je percevais, dans la fierté dont il avait habillé ses mots, l'aveu, le si difficile aveu, de l'impuissance dans laquelle ma situation le plaçait. Je m'en voulais pour cela.

En lisant sa lettre, je tentai d'étouffer la voix qui sourd plus bas, en dessous du diaphragme, et ici, à l'arrière des mâchoires. Je desserrai les dents. Elles s'accrochèrent de plus belle les unes aux autres. Retinrent les propos qu'il faut garder à tout prix. Le torrent, dont je ne sais de quelle eau il est fait.

Ne surtout pas laisser émerger la réalité qui, si je la laissais résonner trop fort, me terrasserait. Éviter de proférer la vérité dérangeante de ce qui était en train de se produire. Elle ressemblait à une vague, immense, sombre, menaçante ; et si je la laissais parler, s'élever, frapper le sol avec la même force gigantesque que celle de ma cousine volage lorsqu'elle fracassait le sol avec ses talons aiguilles, elle me balaierait sur son passage ; aussi préférais-je l'avaler, gorgée après gorgée, goulée après goulée, espérant l'étouffer à l'intérieur de ma réserve légendaire. Je bus, et glou, et glou, me persuadai que ces mots étaient à présent si minuscules dans mon ventre qu'ils finiraient par disparaître.

Je l'enveloppais, ce présent que je refusais d'intégrer, d'incarner, de digérer, parce qu'alors j'aurais été forcée d'ouvrir la bouche, et il y a bien longtemps que je devais la fermer. Il en allait de ma survie psychique, avait prévenu l'avocat gratuit.

Je l'entourai de ce que j'avais appris le mieux durant chaque période de ma vie où cet enveloppement avait été nécessaire : foi, fatalisme, mièvrerie, humilité, relativité. La philosophie ne m'aurait été d'aucune aide à ce stade, si obstinée qu'elle est à nous ôter toutes nos lunettes déformantes pour nous forcer à réfléchir — je n'étais pas en état de penser, est-ce qu'on expliquerait le cycle de la vie à un herbivore lorsqu'un fauve bondit de derrière les touffes ? Non, on lui hurle : *cours !* Demandons-nous à une assoiffée de réfléchir à la notion de soif tandis qu'elle se dessèche, nous prêtera-t-elle seulement l'oreille ? Non, nous lui tendons à boire, et c'est en général dans ces moments-là qu'elle accepte tout de nous, même du poison, pourvu que ce soit liquide.

Au fil des jours et des mois blancs, je nommai donc ces enrobages de plusieurs manières, me constituant un collier de lectures et de chansons, une barrière de mots et de livres, un chapelet de maximes dignes d'une influenceuse sur les réseaux sociaux.

Foi : *ce qui t'est destiné ne saurait t'éviter* (Coran).

Fatalisme : *ce qui cède s'élève, ce qui résiste s'enfonce, par conséquent, cède, mon enfant* (Confucius revu par Bette Bao Lord).

Mièvrerie : *à la dureté du monde, oppose la naïveté de ton cœur* (moi-même).

Humilité : *la Vie cache ses alliés sous les apparences* (Jîlanî).

Relativisme : *des joies et des peines, puissent toutes ces choses t'arriver : voilà ce que je te souhaite, mon fils, car alors je saurai que tu es vivant* (Bahari, poétesse de Ntsudjini).

— • —

Affaire numéro 4567

Mlle Sans-Papiers contre le préfet d'A. Demande de régularisation suite à un refus abusif de renouveler son titre de séjour.

Le juge leva les sourcils lorsqu'il entendit « abusif », puis les rabaissa, blasé. Sa moustache suivit le mouvement et cela lui donnait un air légèrement méprisant, il devait se demander ce qu'il avait fait au bon Dieu pour qu'on lui fasse perdre son temps ainsi.

Les cheveux, la moustache et la veste du juge étaient parfaitement assortis. Bruns et noirs. Ses lunettes adoucissaient son regard, que je devinais agacé. Je ne devais pas être la première à faire appel d'une décision du préfet.

Il s'assit, rejeta en arrière les pans de sa veste trop grande, et nous fûmes invités à nous installer sur nos chaises de maternelle. Il m'invita ensuite à plaider ma cause.

J'ignore si j'ai regardé trop de séries juridiques ou de films agrémentés de plaidoyers passionnés, mais ma voix s'échappa toute seule dans un flot véhément et bien construit, et en un instant je fus projetée au temps où je portais une moustache, où j'étais un pasteur noir durant la ségrégation aux États-Unis et où j'avais un rêve.

Bla, bla, bla, semblait se dire le juge. Il regarda sa montre, il était sûrement midi. *Qu'est-ce qu'ils servent à la cantine, déjà ? Riz long et poulet colombo... bof. Autant aller au Japonais d'en face. Ou commander, tiens.*

« Eh bien mademoiselle, il semble que votre situation ne soit pas si urgente que cela. Jusqu'ici, vous vous débrouillez bien. Votre recours n'a donc pas lieu d'être, vous n'êtes pas en grave danger. Demande rejetée ! »

Ni une, ni deux, comme il est dit dans les contes, il ferma son cahier et demanda au greffier si le « Japonais » d'en face était ouvert car il avait faim.

— • —

Qu'as-tu fait ? Et surtout, comment as-tu fait ?, me demande-t-on souvent.

Je sais qu'une troisième question se cache derrière ces deux premières. *Pourquoi ?* Pourquoi rester dans un pays qui fait de toi une boule de nausée ? Pourquoi ne pas rentrer dans le pays qui t'a vue naître ?

Quelle idée de croire appartenir à un lieu quand on n'est de nulle part ! En quelques années, je suis devenue la Parisienne des chansons de France Gall et de Maurice Chevalier, la Zaz issue de l'immigration, celle qui arpente les ruelles de la ville, les cachées, les pittoresques, loin de la place du Trocadéro et de cette librairie qui porte le nom du dramaturge britannique.

J'ai cru, mot pour mot, aux promesses romantiques de Paris, cette amante androgyne qui ne traite pas ses conquêtes de la même façon. Aux premières elle enjoint d'aimer sans réserve mais avec légèreté, en évitant de se lancer dans la vie maritale avant d'avoir goûté à toutes les possibilités, et une fois mariées à un mode de vie, de ne pas craindre d'en changer autant de fois que le cœur se retourne.

Aux autres elle demande un engagement ferme, celui de l'aimer comme on vous le fait promettre à l'église, jusqu'à ce que la mort et cetera, ou alors, de se prononcer en cas d'avis contraire et de la quitter *pronto*.

J'étais persuadée, le plus sincèrement du monde, de faire partie du premier groupe.

Or, l'émigration est un contrat marital. J'avais consenti à la proposition sans passer par la phase de test qu'est la vie en commun. Ce luxe ne m'était pas permis : c'était à prendre ou à prendre, le contrat le plus simple à élaborer.

Mon corps, pourtant, savait ce qu'il en était. Il rongeait son frein, attendant le bon moment pour relâcher la tension. Je lui racontais une histoire, comme à mes neveux, afin de l'aider à patienter. *Il était une fois un organisme toujours bien portant. Aucune maladie ne l'atteignait. Rien ne semblait avoir prise sur lui : ni les perturbateurs endocriniens, ni les trop longs trajets dans l'une des villes les plus polluées de la Terre, puisqu'elle est aussi l'une des plus fascinantes. C'est simple, ce corps était invincible, et il allait son chemin, tout heureux, de bus en bus.*

À compter des instants décisifs qui s'étaient joués au tribunal, le terme *survivre* a pris dans ma vie un sens nouveau : sur-vivre. *Vivre au-delà de soi.* Se placer au-dessus de la vie. S'élever jusqu'à la couche d'ozone, loin des préoccupations quotidiennes et légitimes. Travailler, aller au musée, posséder une carte bleue et un Livret A, s'inscrire à la salle de sport, à la piscine, sur une plateforme de travail freelance. Signer des contrats et toucher un salaire, sur un compte en banque, posséder un compte en banque. S'inquiéter d'un examen. Fréquenter les grandes gares.

Je fantasmais, tout à mon sentiment d'inadéquation, les combats des autres. Je me disais qu'en cas de problème, ils avaient cette carte verte au fond de leur sac, et un document qui dispense de visa, qui permet des voyages « loisir » n'engageant à rien d'autre qu'à des vacances, et que certains ignorent juste à quel point ils sont chanceux. Je n'en étais pas encore au stade où l'on énumère tout ce que l'on ferait une fois la situation régularisée. Pour l'heure, je comptais les impasses qui me cernaient. Si l'on n'avait pas placé en moi une force semblable à la poussée d'Archimède, je me serais enlisée.

Je découvrais la multiplicité de ces lieux que l'on nomme retranchements.

J'apprenais qu'ils se comptaient par strates infinies : le refuge politique, la guerre, les maladies graves et soudaines. Tout ce qui nous ôte du moment présent et nous fait réaliser à quel point nous ne l'investissions pas auparavant.

Je voulais retrouver la joie que je m'étais évertuée à écourter. En être tout à coup privée me poussait à découvrir à quel point il était absurde de vouloir la thésauriser pour plus tard. La joie est semblable à l'eau, elle n'abonde que si nous la laissons nous traverser.

La retenir, la faire stagner, c'est cumuler des ondes de colère et de peur, peur qu'elle ne disparaisse ; peur qui finit par nous dévorer crus.

Je commençai par la chercher dans une librairie où j'allais me réfugier. Les bibliothèques exigeaient de moi sérieux, concentration, constance. Je quittais leurs tables avec l'impression d'être tenue de revenir le lendemain, comme en classe. En librairie, je me sentais plus libre de flâner. Et puis, le bruit me revigorait. Il résonnait moins qu'en bibliothèque, où le silence se faisait écho du vide dans lequel je baignais, de mon retranchement.

Poussés dans un de ces appentis, nous voyons donc se déployer deux choix devant nous : se débattre jusqu'à épuisement dans l'obscurité de la pièce exiguë où l'on nous a plongés, ou en tâter les murs poisseux, en respirer l'air moisi qui de toute manière demeurera ainsi. Et ne pas abandonner l'espoir de trouver une porte, haute ou basse, qui nous mènera sinon à l'air plus vivifiant, du moins en un point de la couche d'ozone plus respirable.

Comme tu es forte !, entends-je souvent.

J'ai déjà évoqué à quel point la lettre de mon père révélait son degré d'audace, témoignait d'une foi inébranlable en cette idée que nous dirigeons nous-mêmes notre destin, qu'il est légitime que nous souhaitions vivre plutôt que survivre.

Cette détermination à naître en permanence, j'en ai été témoin, pour la première fois, à Bujumbura. C'est dans cette ville, capitale du Burundi, que ma corde s'est nouée, si solidement. C'est là que se trouve le premier de mes retranchements, c'est dans ce lieu que les notions de territoire, de patrie, d'identité, me sont apparues dans toute leur volatilité. Afin de comprendre mon retrait dans les limbes, il m'est nécessaire de retourner en ces terres oubliées.

Je ne suis jamais *arrivée* à Bujumbura, puisque dans mon esprit j'y avais toujours vécu.

Mon père, diplomate, y avait été affecté pour plusieurs années, et n'envisageait pas cette période sans nous.

La première année, j'avais refusé d'aller à l'école. J'étais censée aller en maternelle. Mes parents ont estimé que ce n'était pas grave ; à l'époque, les recherches sur l'importance de l'école maternelle étaient peu nombreuses, et de toute manière, ils auraient procédé selon leur bon vouloir.

Pendant quelques mois, je passai donc mes journées avec ma mère, vivant son quotidien de femme au foyer, regardant *Merlin l'Enchanteur* à la télévision et cherchant la signification de chaque mot. Après déjeuner, Maman m'emmenait marcher le long de l'avenue de la Paix, mes pas tentant de rattraper les siens sur le sol ocre. Nous nous arrêtions devant une boutique pour acheter un Fanta citron à Champion.

Champion était un ancien fermier reconverti en épicier. Petit, maigre, yeux globuleux savants, manières d'aristocrate : tout en lui était distingué, *comment allez-vous mesdames, moi je me porte à merveille je vous en remercie, ramenez la bouteille demain je vous prie.*

Nous poursuivions notre route vers l'horizon. Je m'étonnais toujours de nous voir arriver devant la maison alors que nous n'avions pas fait demi-tour. Je ne me doutais pas une seconde que nous ayons contourné le quartier. Mon émerveillement amusait ma mère.

L'arrivée au pouvoir de Melchior Ndadaye, président hutu, bien que démocratique, vint ébranler un équilibre fragile entre Hutus et Tutsis.

Je me sentais Burundaise, bien plus que quoi que ce soit d'autre, même si je ne savais pas comment définir exactement ce que c'était que d'être Burundais, puisque je vivais dans un quartier résidentiel dédié aux expatriés. Je n'étais qu'une enfant, les conflits n'avaient encore aucune consistance dans mon esprit.

Mais je me sentais investie d'un message d'espoir, portée par le nouvel élan que je percevais chez ceux qui m'avaient accueillie sur leur terre.

Après tout, j'y vivais, j'y allais à l'école. Trois après-midi par semaine, j'allais contempler les dos et les fesses des hippopotames, allongés dans le lit du fleuve. Avec mon frère, nous tentions de calculer le moment où le soleil serait bas, sa rencontre avec l'horizon, puis nous ouvrions la bouche en même temps que les hippopotames déboîtaient leur mâchoire pour avaler l'astre orangé. J'y passais mes plus beaux moments, j'y avais rencontré mon premier amoureux d'enfance, et c'est là que toutes mes potentialités se sont révélées, que mes rêves ont pris forme.

À l'occasion d'une fête organisée par ses employeurs, mon père nous avait emmenés avec lui pour une sortie, sur une colline de la province de Gitega. Même touffeur des arbres qu'à Bujumbura, manguiers et jacarandas mêlés, arbres à pois et haricots grimpants accrochés aux troncs. Je courais pour qu'on me prenne la main, boudais parce que la toile de mon pantalon n'empêchait pas les plants de citronnelle de m'importuner.

À l'ombre des flamboyants, lui et moi avions joué à trouver des anomalies dans notre livre de jeux, puis dans la nature. Telle limace était plus foncée ou plus claire que les autres, tel escargot avait la coquille fêlée, tel oiseau volait trop bas, telles feuilles viraient au jaune et marron en pleine saison des pluies.

N'est-ce pas l'endroit qui réunit toutes ces choses que l'on nomme son pays ?

Mon euphorie patriotique n'allait durer que quelques mois. J'avais laissé le pain tremper dans le thé beaucoup trop longtemps.

Une nuit d'octobre 1993, j'avais rêvé qu'une vache blanche s'était détachée du jacaranda trônant au milieu du jardin, comme si elle avait été façonnée dans le tronc, et qu'elle me poursuivait, sans me vouloir de mal, mais je la fuyais par simple réflexe. Un coup de tonnerre avait interrompu sa course, une puissante saccade venue du ciel qui avait perduré pendant trente longues secondes. Elle était si forte que j'avais ouvert les yeux, pour me retrouver nez à nez avec mon frère qui avait accouru jusqu'à mon lit : « Réveille-toi, il se passe quelque chose ! »

Nous avions traversé le couloir au bout duquel se trouvait la chambre de nos parents ; elle était vide. Puis nous avions entendu crier nos prénoms, depuis le salon, où nous nous étions précipités.

Assis sur leurs fauteuils, buste penché, yeux hagards, Papa et Maman écoutaient le poste de radio qui d'ordinaire restait à la cuisine, avec une inquiétude grandissante. Dès que nous sommes arrivés, leurs bras se sont refermés sur nous, telles les ailes d'un volatile épouvanté, et nous avons attendu.

Après quelques secondes de grésillements, les ondes s'étaient mises à diffuser un chant militaire.

Quelques minutes plus tard, un homme avait pris la parole : « Nous avons repris le pouvoir. Je répète : nous avons repris le pouvoir. Ce chacal est mort. Mort ! Vive le Burundi ! »

Blottie contre Maman, je la sentais trembler. Elle expirait des *iiih*, et des *ouuuh* bouleversés. Mes yeux ne quittaient pas ceux de mon frère. Nous étions restés accrochés ainsi les uns aux autres, puis Papa avait tourné le bouton pour chercher la fréquence de Radio France Internationale. Un flash info y était diffusé :

« Selon les sources les plus fiables, l'avion qui transportait les présidents burundais et rwandais, en route pour un voyage diplomatique, a été abattu à l'instant. »

À partir de cette nuit-là, tout était allé très vite. Au milieu des tracts et des coupures de journaux — « Ils ont tué Ndadaye mais ils n'ont pas tué tous les Ndadaye » (*Journal du Frodébu*) — nos passeports entassés dans une valise, réunis avec celui de Maman, coiffée de fines tresses. Il fallait quitter ce conflit qui ne nous concernait pas, ces gens qui n'étaient pas des nôtres, ce pays où, soudain, nous étions devenus des étrangers.

Déguerpir : c'est ce que des membres de la milice tutsi avaient conseillé à mon père, non sans brutalité, un soir où il rentrait d'une mission d'observation. L'ayant d'abord confondu avec un Hutu — nos traits étant assez proches de ceux de nos voisins de la côte orientale d'Afrique —, ils l'avaient arrêté afin d'effectuer les contrôles nécessaires. Pour décider de son sort. Si l'ambassade des Comores n'avait pas répondu pour confirmer son identité...

« Il faut rentrer chez vous », lui avait-on ordonné en lui rendant son passeport.

En attendant notre laisser-passer, nous poursuivions notre vie, retournant à l'école, dans l'incertitude totale quant à ce qui allait suivre. En évitant soigneusement les sorties, sauf pour aller chez l'épicier.

Inscris-toi à l'université chaque année. Évite les grandes gares. Change de trottoir quand tu vois démarrer une bagarre...

L'impression que j'ai gardée de cette période est celle d'un fauve gigantesque tapi derrière les herbes hautes et les arbres touffus, prêt à bondir à tout moment, toutes dents dehors, pour nous briser la nuque et nous dévorer, vivants, saignants.

Nous avions repris nos balades, Maman et moi, cette fois au crépuscule. Un jour, alors que nous arrivions au virage que bordaient les échoppes de fortune, j'ai eu envie d'un Fanta citron. Nous avions alors bifurqué vers la boutique de notre ami Champion. Le spectacle qui nous y attendait allait imprimer dans mon esprit une marque indélébile.

La boutique n'avait pas été dévastée ; elle était, comme toujours, impeccablement rangée. Il y avait, comme cela arrivait régulièrement, une adolescente derrière le comptoir qui rangeait quelques bouteilles d'huile. Tout avait l'air normal, rien ne sortait de l'ordinaire.

Tout, rien ; sauf Champion.

Je me souviens de son corps frêle, prostré sur le rebord de l'entrée. Pieds nus, comme la plupart des habitants du quartier, moi y compris. Ses genoux cagneux, légèrement tremblants, étaient ramenés vers sa poitrine. Ses coudes pointus, posés sur ses genoux, étaient à peine cachés par les manches trop larges d'un t-shirt qui faisait deux fois sa taille : première anomalie. Les manches étaient trouées de cercles parfois si grands qu'on pouvait y insérer un bras entier : deuxième anomalie.

Ensuite, j'avais levé les yeux vers le visage de Champion. Ses yeux, plus précisément. Ses deux grandes billes aux cils recourbés qui autrefois regardaient le monde avec bienveillance. À leur place : à droite, un globe hagard semblait avoir été enfoncé dans son orbite, et tournait dans n'importe quelle direction, tel un phare déréglé ; à gauche, un globe oculaire pendait à ce que j'identifiais comme étant un fil rouge — je n'avais ni l'âge ni la capacité de savoir si c'était un nerf ou une veine.

« Haaan, Champion, haan, Champion », avais-je entendu murmurer ma mère depuis une lointaine chambre d'écho ; mon esprit s'en était allé valdinguer quelque part sur la terre ocre, et à mes oreilles résonnait, sans que je sache pourquoi, une comptine évoquant Gustave le crocodile, entendue dans la rue. *Gustave le crocodile, Gustave le crocodile du Tanganyika, Gustave va te manger si tu ne manges pas ton bugari.*

L'instant d'après j'avais été arrachée au regard disloqué de Champion, et j'avais suivi, le regard flou, la main qui m'entraînait sur la route de sable jusqu'à la maison.

Mon corps était rentré : mon esprit était resté dans la petite boutique, à se demander pourquoi l'adolescente s'obstinait à ranger ses bouteilles d'huile comme si de rien n'était, pourquoi sa main tremblait alors qu'elle posait les bouteilles sur l'étagère, pourquoi elle semblait fournir un effort surhumain pour empêcher ses yeux de se diriger vers nous.

Quelques jours plus tard, l'évacuation des familles de représentants de l'ONU était organisée. Nous étions les privilégiés qui partaient avant que tout ne flambe. Je pensais à mon collier en or, dont le pendentif était en forme de babouche, que m'avait offert ma mère et qu'un jeune garçon dans la maison aux serpents m'avait pris. Le premier d'une longue série d'objets que je perdrais dans les différents endroits où j'étais de passage, comme les différentes ondes d'une déflagration. J'ai compté ces ondes : elles sont au nombre de onze.

Boucle 1. Désajustement

Ce premier déracinement aux airs de retour d'enfant prodigue a planté en moi une épine aux contours indéfinissables, dont les effets, estompés jusqu'à ce que je parvienne à l'âge adulte, se sont réveillés lorsqu'on m'a refusé le renouvellement de mon titre de séjour.

Je suis convaincue que les violences que nous vivons étant trop difficiles à traiter pour notre cerveau en construction, la vie attend que nous soyons en âge de les analyser, puis nous envoie des piqûres de rappel. À chacun, à chacune, la charge de définir l'objectif de celles-ci.

Mon arrivée aux Comores eut pour effet de désajuster les atomes de mon existence précédente, la place que j'occupais auprès de mes parents — du moins, l'idée que je m'en faisais —, et, plus important, ma conscience d'exister et d'avoir pleinement le droit de jouir de la vie que je menais jusque-là.

Le départ précipité, en me poussant à quitter mes amis, les livrant à un destin incertain, m'a mise sur la route d'une longue errance qui deviendrait mon véritable chez-moi.

Au point que je n'étais plus capable d'habiter un espace en toute légitimité.

Après tout, j'échappais à ce qui relevait, pour mes anciens amis, de l'inévitable. Le récit familial qui s'est tissé autour de cette expérience faisait de nous, ma famille et moi, des enfants bénis d'Allah. Dans sa magnanimité, il nous avait extraits de l'ignominie qui se préparait, et nous l'en remerciions chaque soir, les larmes aux yeux. Quant à moi, je tentais autant que faire se peut d'ignorer la voix de la fillette heureuse que j'avais été sur d'autres territoires. Celle qui questionnait, courant derrière moi à en perdre haleine, à en trébucher sur le sable des rives du Tanganyika : et les autres, Allah ne les aimait-il pas ? Quel mal avait bien pu faire cet homme avec qui Gustave le crocodile avait joué, longtemps, avant de l'engloutir ?

Cette voix n'était pas la bienvenue, je le sentais bien. Il fallait reconstruire de toute urgence. Il était urgent de se taire et d'empiler les briques de la nouvelle vie.

Je l'ai donc dissimulée, elle et la réplique miniature d'un soutien-gorge que Jean-Paul Gaultier avait cousu pour Madonna, elle et ma soif d'ailleurs, elle et ma faim de découvrir l'autre et ses mystères.

Cette dynamique allait régir ma vie durant plusieurs années, comme si une force, en moi et hors de moi, cherchait à me dire la fugacité des choses, afin que je m'habitue à boire aux eaux du bonheur jusqu'à la lie, puis à arracher sans ménagement l'arbre que j'aurais planté en moi dès que cela s'avérerait nécessaire.

Le décalage s'est opéré par des coupures successives, des cessations ou des limitations qui me paraissaient insensées. Ces dernières ont donné lieu, plus tard, à une fixation de mon esprit sur certains épisodes de ma vie, notamment ceux que j'ai vécus à l'étranger ; à une obsession pour le voyage qui m'a plusieurs fois placée dans des situations de précarité financière extrême ; à l'idéalisation d'endroits situés hors de l'espace géographique d'origine. Enfin, elles ont fait naître en moi un sentiment, non pas de vide, mais d'un trop-plein qui oppresse ma poitrine de temps à autre comme pour me rappeler une urgence oubliée, et me pousse à aggraver les conséquences d'un évènement banal de la vie, à attendre avec ferveur la survenue d'une catastrophe afin de m'en servir de support pour clamer que j'existe ; tous ces phénomènes que mon frère et compagnon d'enfance, devenu psychologue, a nommés d'après le crocodile célèbre des rives du Tanganyika : Gustave.

— • —

Ce n'est que récemment que j'ai pris conscience de l'existence du reptile. Mon frère y a fait référence, indirectement, un jour où nous attendions des nouvelles de ma mère, tombée gravement malade à la suite d'une chute.

Comme un boulet de canon sur le point d'être propulsé dans les airs, je m'étais alors immédiatement préparée à sa mort imminente, je m'y accrochais même, pour éviter d'être prise par surprise, en flagrant délit de non-préparation.

C'est, pensais-je, le devoir d'une personne adulte que de s'apprêter à *rendre* ses piliers parentaux. C'est ainsi que mon père nous a armés pour ce genre d'évènement, l'un après l'autre, à un âge que lui seul semblait pouvoir évaluer, puisqu'il ne se traduisait jamais par le même chiffre en fonction de chacun d'entre nous : les parents nous sont prêtés, il nous faut un jour les restituer.

Cette explication permettait d'accepter que si mon père m'a mise en face de sa réalité de mortel très tôt, c'est parce que son âge à lui était avancé. Il savait, parce que j'avais vu le jour si tard dans sa vie, qu'il était bien trop loin pour m'attendre sur le pont, que ma main ne pourrait rattraper la sienne au bon moment. C'est pourquoi il se retournait de temps en temps vers moi, tantôt pour me héler et raviver en moi le souvenir de sa présence, tantôt pour me lancer quelque bout de vérité appris sur le chemin, à toutes fins que je jugerais utiles.

Mon premier nœud s'est formé ainsi : je grappille, où je peux, quand c'est possible, des morceaux de vie, des bouts de liens, que j'ai appris à joindre entre eux pour tisser un semblant de corde. Cela induit, évidemment, qu'au fond de moi je m'attendais à trouver une « vraie » corde un jour. Un lien complet, entier, fait de brins longs et solides, fraîchement coupés, issus d'un raphia dont la verdure propre témoignerait d'une vie qui se serait construite *de bout en bout*, et non *bout par bout*.

Seule une corde entière me permettrait, croyais-je, de me protéger de cette incertitude dans laquelle m'a plongée très tôt le fait d'être née de parents avancés, davantage en termes de rôle social que d'âge. À mes dix ans, mon père songeait à prendre sa retraite en tant que médecin représentant de l'OMS en Afrique, et ma mère achetait les teintures noires pour cacher le vieillissement accéléré de ses cheveux. Le spectre du déclin avançait vers moi, ses yeux plantés dans les miens ; il m'effrayait autant qu'il tentait de me charmer. Ainsi, sans doute pour endormir ma méfiance, mon père me parlait-il de *l'après*. Souvent.

Il me contait les hauts faits des mystiques qui font la gloire de la littérature soufie, du temps où ceux-ci se rencontraient dans le désert. L'histoire qu'il affectionnait le plus était celle du cheikh Abdallah, un de ses aïeux, disparu dans sa quarantaine forte. Disparu et non pas mort.

Il avait coutume d'attacher le bout de ses longs cheveux à un anneau fixé au plafond, durant ses méditations nocturnes. Cela l'empêchait de s'endormir en récitant une litanie. Une nuit, alors qu'il priait ainsi, un de ses élèves vint déposer un peu de nourriture devant sa porte. Il en profita pour tendre l'oreille, espérant saisir quelques invocations qu'il pourrait lire chez lui. Il n'y avait qu'une seule porte, et aucune fenêtre pour aérer le cloître du cheikh. L'élève entendit quelques murmures, un cantique, puis plus rien. Il veilla jusqu'à l'aube, décidant de demander à prier auprès du maître. Lorsqu'il ouvrit la porte, à bout de patience, il se retrouva dans une salle vide. La robe et le manteau du cheikh gisaient par terre comme s'ils avaient glissé le long du corps.

Le cheikh : disparu.

On dit qu'il a traversé le mur et s'en est allé rejoindre son Divin Bien-aimé.

Certains soirs, mon père nous réunissait sur le balcon de la maison familiale, face à la route au-delà de laquelle on devinait les reflets métalliques de la mer, et nous mettait en garde contre l'habitude d'avoir trop près de soi les êtres chers.

« N'oubliez pas que j'approche de l'âge auquel mon père est décédé. J'ignore si je le supplanterai dans le décompte des années. »

Tandis qu'il parlait ainsi, mon esprit vagabondait derrière ses paroles. Je percevais là un autre mot, une autre crainte que celle qu'il nous énonçait. La peur de *détrôner* son père en vivant plus longtemps que lui. En amont de cette peur, un interdit. Dans l'époque et le contexte qui l'ont vu naître, point n'est question de recourir à Œdipe. Sa tradition ne prévoit pas que le père s'efface. Créon reste bel et bien sur le trône, Jocaste n'épouse pas son fils, personne ne se pend. Aucun Zarathoustra ne clame la mort de Dieu, puisque nous ne craignons pas de le taquiner de temps à autre.

L'ordre demeure tel qu'il est et chaque enfant en est le gardien.

« Enterrez-moi là, devant ma mosquée. Votre mère sera inhumée à côté quand son temps viendra. Apprenez à vous débrouiller, concertez-vous, en vous et entre vous. Je ne serai pas toujours là, et déjà, je sens décroître la puissance de ma voix. »

On aurait dit le soleil se préparant à tout instant au crépuscule. Tout comme l'astre, Papa se levait chaque matin, lui aussi, encore plus majestueux, passionné, réconfortant, exigeant à la limite du caprice, que la veille. Cela nous apaisait, l'envie d'oublier son discours sur la mort gagnait certains d'entre nous et nous portait de nouveau vers la léthargie.

Moi, cela ne m'apaisait pas longtemps. S'il partait, je serais la plus jeune à le perdre. Chacun de ses réveils me rappelait avec force l'approche du crocodile, de la fin de toute chose, et cet état d'alerte deviendrait ma drogue.

Je finirais par construire ma vie autour du qui-vive.

— • —

Gustave le crocodile a connu ses jours de gloire au Burundi, dans les années 1990. Monstre redoutable et insaisissable, il avait le goût du jeu et, avant qu'il n'enfourne ses proies, on pouvait observer, sur les rives du lac Tanganyika, comment il les lançait dans les airs avant de les rattraper, répétant le mouvement plusieurs fois avant de les engloutir. La mort me faisait penser à cet aspect de Gustave, Gustave me rappelait le jeu de la mort.

Aussi, lorsque l'accident de ma mère fut survenu, m'assurai-je que tout le monde était conscient qu'elle allait peut-être partir, qu'elle était à présent sur la pente sans retour, *que j'allais perdre quelqu'un*. Je régurgitais les discours que mon père, lui aussi vieux compagnon de Gustave le crocodile, nous répétait à l'envi :

« Vous savez, nul n'est éternel, nous appartenons à Dieu, quel que soit le nom qu'on lui donne. Mourir est notre chemin à tous. *Inna lillahi wa inna ilayhi radjiun* : nous sommes pour Dieu et pour Dieu nous reviendrons. »

Jusqu'à ce que mon frère m'envoie ce SMS : « J'ai l'impression que tu es une personne anxieuse et que tu jauges tout par rapport à cela… »

Que tu jauges tout par rapport à cela.

Pour la première fois j'ai accédé, du bout d'un orteil, au territoire de celle que je suis quand je ne suis pas *en train de m'en faire*.

Je me trouve en cet endroit où l'on s'observe soi-même depuis la fenêtre. J'ai osé le pas de côté que je n'avais jamais fait : me désidentifier de l'anxiété, *de la nécessité d'être anxieuse*, jusqu'à ne plus la distinguer. Au point que celle-ci devient une composante de mon corps, aussi silencieuse mais tout aussi active qu'un organe.

Il est vrai que je ne me sentais jamais autant exister que quand toutes mes cordes étaient tendues, à la limite de la cassure, mais sans se briser pour autant : c'est là, pensais-je encore, que se trouve le miracle, la vraie force humaine, *quand cela se tend mais ne casse pas*. Voilà qui rappelle sûrement une fable.

C'est épuisant d'être un roseau, pourtant. Cela pousse à provoquer, par omission ou par négligence quasi volontaire, des situations de danger qui m'assureront de garder vive cette tension que j'affectionne, que je connais.

Durant mon séjour aux Comores, je n'ai pas observé l'attitude de mon corps. Je savais parfaitement ce qui m'attendait. Je ne voulais pas constater la mâchoire constamment serrée ; le cou crispé, tout comme le dos ; les pieds, superposés l'un au-dessus de l'autre, en retrait quand je m'asseyais. Ni m'apercevoir qu'au bout de mes bras en demi-cercle, mes mains, mes doigts se tenaient prêts à *bondir* : sur un clavier d'ordinateur ou de piano, un stylo à faire courir frénétiquement, un fil et une aiguille. Tout sauf l'inaction qui ne rappelle que trop le danger de la léthargie. Un corps sur les *starting blocks* — sans la musculature olympique qui va avec.

Je conçois que la dégringolade vers ces états soit difficile à comprendre, puisqu'après tout, je n'ai fait que rentrer chez moi.

De surcroît, chance sur chance, mes parents étaient ensemble et toujours amoureux ; j'allais à l'école, l'équipe de mon collège puis du lycée insufflaient un fort sentiment d'appartenance, je mangeais à ma faim, et tout le système familial tenait bien en place. A priori, je n'avais aucun sujet de plainte qui n'aurait pas fait rouler les yeux de mon auditoire exaspéré. *Pauvre petite chose* — c'est tout ce que je pouvais espérer si je geignais ne serait-ce qu'un peu.

Et pourtant.

Mes membres se tenaient prêts à sauter sur quelque urgence, telle Marion Jones sous stéroïdes. Mon cœur aussi. Je rompais les amours et les amitiés avec la froideur d'un appareil chirurgical, dès que mon intégrité était en danger. Ne pouvant partir physiquement, je le faisais sur le plan psychique, en attendant.

De la même manière, j'ai accepté la rupture d'avec l'intégrité administrative, me revêtant de la même impassibilité passagère, mais nécessaire.

C'est parce que j'ai intégré en moi la réalité de Gustave le crocodile que j'ai pu me vêtir de ses écailles et traverser le fleuve de l'incertitude.

Si je n'avais pas appris à me désajuster au fil des années, à trancher dans le vif avant que ne survienne la moisissure mortifère, jamais je n'aurais pu supporter la béance administrative qui m'attendait. Jamais je n'aurais accepté de la traverser, de changer mes habitudes, d'en adopter de nouvelles. L'inconfort ne serait pas devenu mon ami. Je serais rentrée dans mon pays d'origine, je serais partie me perdre dans les plis de la robe maternelle, m'enivrer du musc de la barbe paternelle jusqu'à ce que le temps, la résignation, l'oubli fassent leur travail.

Boucle 2. Détatouage

Forum des Halles, début d'après-midi. J'avais marché durant trois heures depuis chez moi, suivant l'itinéraire des bus, ne pouvant frauder pour y monter.

J'étais en route pour une conférence donnée par une association panafricaniste.

Diaby, l'organisateur, sans doute le précurseur de l'influence sur les réseaux sociaux, trônant sûrement déjà derrière un pupitre, prônait un retour à un continent africain anté-colonial. À cette époque, nous étions nombreux à partager la conviction qu'il était possible de gommer les effets du passé même s'il était impossible d'effacer ce dernier : les deux phénomènes se présentaient séparément à notre esprit, aussi distincts l'un de l'autre que l'eau et l'huile.

Il s'agissait d'exhumer le terreau spirituel, politique, économique, culturel du continent, tel qu'il était avant que l'Europe ne vienne le plonger dans la torpeur de ses avidités. L'objectif étant de se récupérer, en collectivité. En tant qu'individu cherchant à se retrouver soi-même, je voulais être au bon endroit, rencontrer des gens, stimuler ma pensée, et je montais à bord de tous les bateaux, pourvu qu'ils me mènent à bon port, même si le discours qu'ils transportaient ne s'adressait qu'à une partie de mon identité. J'étais dans la droite ligne des vers de Khalil Gibran à propos du Mal :

Car qu'est-ce que le mal sinon le bien, torturé par sa propre faim et sa propre soif ?

J'avançais, forte de mes lectures sur le panafricanisme et l'eurocentrisme, lorsqu'un besoin irrépressible d'aller aux toilettes me saisit.

Mon corps, qui décidément outrepassait son périmètre de décision, me signalait son refus d'aller à cette conférence, de prendre parti, même si j'avais peur de ne pas faire partie d'une communauté. Je voulais me forcer à y assister, parce qu'il était impensable à mes yeux d'avoir consacré cinq ans d'études universitaires à me préparer à un métier que je n'exercerais pas. Certaines femmes de mon âge en étaient aux choix qui influent sur le cours de toute vie, acheter une maison ou un appartement ? Rentrer au pays ou se construire ici ? Elles suivaient tranquillement les fibres de leur corde, et moi j'attachais encore les miennes les unes aux autres pour donner, à moi et aux autres, l'impression de détenir un lien solide !

Par conséquent, je multipliais les occasions de maintenir mes compétences à flot. Travailler gratuitement, moyennant déjeuner et titre de transport : il fallait éviter l'écueil dans lequel je voyais tant de personnes tomber, une fois dans ma situation. Dans cette vie souterraine, beaucoup cédaient aux conseils pressants de leur entourage. Ces derniers étaient plus désespérés les uns que les autres. Se terrer, enchaîner les séjours en centre de rétention. Faire profil bas, garder une foi inébranlable en ce patron de restaurant, même quand celui-ci pouvait vous dénoncer au moindre faux pas. Rester par effraction. Lorsqu'on traite les humains comme des rats, comment s'étonner qu'à chaque fermeture de porte ils se ruent vers les fenêtres ?

Au centre commercial, donc, un passage aux toilettes coûtait soixante-dix centimes — Paris n'avait pas encore opéré la mise à jour pour les Jeux olympiques de 2024. Alors que je furetais dans mon porte-monnaie, puis dans mon sac, mon estomac se nouait : je savais très bien que ma fortune culminait à cinquante centimes, et que le prochain virement bancaire de la part de mon père ne serait effectif que dans une semaine. J'ai levé les yeux vers Allah, qui cachait son espièglerie derrière les luminaires du plafond en voûte. Croyait-Il m'échapper aussi facilement ?

« De tous les tourments que tu as infligés à tes messagers, jamais tu n'as demandé à un seul d'entre eux de retenir ses sphincters durant une semaine ! », ai-je vociféré intérieurement, tout en continuant de fouiller... Et comme une réponse malicieuse, à ma pièce de cinquante centimes s'en est ajoutée une autre. Je l'ai saisie et fait tourner entre mon pouce et mon index toujours dissimulés dans le sac, n'osant pas encore la regarder : elle avait le diamètre d'une pièce de vingt.

Lorsque j'ai enfin osé l'exposer aux néons, son éclat doré m'a presque éblouie. Comme tout droit sortie de la frappe, elle était brillante et propre comme neuve. J'ai de nouveau levé les yeux : « C'est sympa, merci… est-ce que je peux demander plus ? » J'ai plongé ma main dans le sac, mais le billet de dix n'est pas apparu. Tant pis.

À ma sortie des toilettes, j'ai appelé mes parents, avec qui je partageais souvent ces évènements étonnants de la vie. C'était notre rendez-vous spirituel. « C'est merveilleux, ma chérie. Allah est avec toi, mon ange, a murmuré ma mère. « N'es-tu pas ma fille, petite-fille du prophète ? Tu as hérité de mon destin fait d'improvisations ! », a renchéri mon père. « Il faut vraiment que tu lui envoies de l'argent. La voilà qui perd la tête ! », a chuchoté ma mère après la conversation, croyant que j'avais raccroché.

Cette dernière phrase m'a fait rire autant que réfléchir. Étais-je arrivée au point de non-retour, à la frontière entre raison et folie, lucidité et délire ? Existait-il une frontière entre ces deux notions, ou ces dernières sont-elles une pure invention de notre esprit pour expliquer certains mystères qu'il n'a pas encore percés, voire un seul mystère — celui de son existence ? Avais-je suivi le lapin dans la trappe à la suite d'Alice, pour tromper l'épée de Damoclès que représentait une menace d'expulsion ?

La pièce de vingt centimes était un rappel d'une phrase que ma mère et ses compatriotes répètent souvent : *tu ne seras jamais empêtrée, ma fille. Tu ne seras jamais emberlificotée comme les intestins d'une chèvre.*

Cette prédiction pastorale a toujours sonné dans mon cœur comme un gong qui retentirait de façon périodique, chaque fois que je me sentirais en grand danger. Et tel était le cas, je ne pouvais pas le nier.

Cet après-midi-là, je ne me suis pas rendue à la conférence panafricaniste de Diaby. Il me fallait éclaircir la question du danger, de toute urgence, car à l'évidence je n'avais pas saisi tous les paramètres liés à ma situation. Je fuyais, c'était certain, les étiquettes, les définitions, tout ce qui réduit un être à sa provenance et à l'identité qu'on lui prête, à cette idée qu'il serait chez soi quelque part, étranger ailleurs.

Depuis l'institution des frontières et des permis de séjour, il me semble que le parcours d'un être humain en tant que citoyen d'un pays ressemble à s'y méprendre à un cours de chimie. Qu'il me soit permis de paraphraser ma professeure en cela, une femme tout en rondeurs et en beauté.

La boucle qui suit consistera donc en une révision des trois principaux états de la matière : solide, liquide, gazeux. Entre les trois, il existe un état dont vos meilleurs enseignants ne vous ont jamais parlé mais qui se manifeste bel et bien quand les conditions sont éparses, et mérite donc démonstration : l'état *brumeux.*

Solide : personne titulaire de la légalité, détentrice d'une CNI, carte nationale d'identité. Pour ceux dont l'eldorado est plutôt américain, prononcer *Green Card.*

Liquide : individu en période d'essai renouvelable sous conditions, possesseur d'un titre de séjour — traduction pour les expatriés aux États-Unis qui sont aux

Français ce que la France fut longtemps aux ressortissants des pays fournisseurs de matière première et de matière grise : *residence permit.*

Gazeux : immigré, et non expatrié, ayant terminé sa période de séjour dans le pays d'accueil, et se préparant à quitter ce dernier en paix, sans être expulsés.

Brumeux : emprunteur d'espace à la consistance vaporeuse et volatile, refusant de partir mais à qui il est refusé de rester. Autrement appelé personne en situation irrégulière. Par conséquent et sans doute par esprit de protestation ou réflexe de survie douteux, garde dans une poche de son sac un document portant le nom kilométrique : *récépissé-de-demande-de-renouvellement-de-titre-de-séjour* (pas d'équivalent de même longueur connu outre-Atlantique).

Les tirets ne figurent pas sur le document ; cependant ils s'insèrent dans votre esprit, puisqu'il faut bien lier ce qui ne l'est pas. C'est ainsi que votre vie se résume à une succession de tirets, de pointillés, faute de linéarité claire :

Se rendre à l'université tôt le matin même si on n'a pas cours — ne sécher aucun cours — surveiller son relevé de notes — ne pas redoubler — sinon — séjour — pas — renouvelé — choisir des études offrant un débouché sûr — ne pas céder à la fantaisie de changer de vocation en cours de route — car le séjour n'est renouvelé que si l'on passe à l'année supérieure — en cas de problème de renouvellement — s'inscrire quand même — l'essentiel est d'avoir une inscription à l'université — chercher un job d'étudiant — combiner avec un stage — garder le bail de l'appartement même si on déménage — le sous-louer au cas où — penser à envoyer de l'argent au pays — penser à finir la construction de la maison de la sœur, de la cousine, la sienne propre — penser à chercher un époux ou une épouse — tenir — on ne s'aime plus ? — tenir — burn-out ? — un problème de Blancs — on a la foi, nous — on est croyants, nous — on avance — enterrer les avances de l'oncle qui t'héberge — loin — dans — les — limbes — de — l'esprit — de — famille.

La foi et les tirets sont une combinaison essentielle car ils nous donnent l'altitude nécessaire pour ignorer les brèches qui s'installent, l'une après l'autre, sur notre peau, si petites qu'elles se confondent avec nos pores.

Je parle au pluriel mais dans mon esprit, à cette époque, mon problème ne concernait que moi ; du moins, la configuration dans laquelle je me trouvais était unique, puisqu'elle était le fruit d'une négligence, d'un petit mouvement de révolte, d'un sursaut de dignité aux conséquences phénoménales. C'était mon battement d'ailes de papillon et il n'était semblable à aucun autre.

Que fuyais-je, donc ? La similitude. La ressemblance avec les soucis des autres. L'idée que, si je faisais part de ma situation à qui que ce soit, je prenais le risque que l'on me réponde : « Tu n'es pas la seule, à moi aussi, ça m'est arrivé, et à Untel, et pour Unetelle c'était pire. »

Avais-je tant besoin de m'apitoyer sur moi-même, d'être secourue ?

Non, la plainte est certes l'un de mes passe-temps favoris, mais seulement accompagnée d'un gâteau partagé avec d'autres *aficionadas* de ce sport, et uniquement sur des sujets particuliers, dont la clandestinité ne fait pas partie.

Quant à être secourue, je me suis souvent targuée d'être ma propre héroïne. Un exemple : il s'est dit, lorsque je me suis mariée puis libérée, que je ne l'avais fait que pour obtenir des papiers. C'est mal connaître mon plus grand défaut — une fierté démesurée. Au moindre risque de dépendance, à la première main tendue soucieuse de m'aider à me relever, une bourrasque d'orgueil se lève en moi. Je suis alors capable de ravaler mes miasmes, visibles ou non, puis de soulever ce qui me gêne. Voyez, dis-je ensuite, je n'avais pas besoin d'être portée. Admirez comme mon glaive tranche dans les défis de la vie ! C'est moi qui l'ai fabriqué.

La clandestinité m'était trop intime.

Parce qu'elle me mettait à nu devant la société. Elle est de ces circonstances qui insèrent dans vos nuits des rêves où vous vous retrouvez dévêtue en hiver sur le parvis d'une grande institution. Songe qui s'est réalisé symboliquement à la poste, ce jour-là, alors que je cherchais à retirer de l'argent sur mon compte épargne.

Lorsque j'ai présenté mon passeport au guichetier, j'ai constaté avec horreur que j'y avais laissé mon récépissé. Le passeport était encore valable, je pouvais toujours arguer que j'avais oublié ma carte de séjour et mon cœur s'en serait sorti sans fanfare. Mais quand l'homme en face de moi l'a ouvert, il est tombé sur le papier vert clair, perforé à gauche, portant le tampon EXPIRÉ, en majuscules dans le texte, dans un cadre rouge. J'ai vu, j'ai noté son effort quasi surhumain pour ne pas lever les yeux vers moi et il a baissé la garde durant une si petite miette de seconde que j'aurais pu ne rien remarquer. Mais l'état de qui-vive, quand il devient une façon d'être, quand il s'inscrit dans votre chair jusqu'aux muscles qui dirigent vos globes oculaires, vous rend aussi perspicace qu'un faucon fondant sur sa proie, et je l'ai aperçu, son regard en biais.

Comprenant que j'avais saisi, il a murmuré, sans me regarder : « Ne vous en faites pas, je ne suis pas la police, vous savez. Je ne suis qu'agent de la poste. »

Elle m'était trop intime pour faire partie d'un sujet de conversation, cette situation, pour une autre raison.

J'ignore comment expliquer la sensation qu'elle me procurait, le préjugé que j'en avais, le décalage entre les deux. J'ai presque honte quand je pense à ce à quoi je l'associais. Pourtant, les faits sont ce qu'ils sont : dans mon inconscient nourri à une collectivité non identifiée, la clandestinité était quelque chose d'éminemment masculin. Elle ne concerne pas *les femmes et les enfants*.

Elle relève d'une responsabilité prise, un jour, de risquer sa vie, de tout quitter non pas dans le but de revenir, mais dans celui de fonder autre chose ailleurs, fût-ce dans l'illégalité. Le mouvement et sa répression, la décision de s'enraciner dans une terre qui vous vomit, l'œil qui brille de défi, l'action malgré le menottage, marcher quand on vous entrave ; tout cela me paraissait davantage ressembler aux hommes.

D'ailleurs, ne dit-on pas plus souvent *clandestin* que *clandestine* ? Il me semble que *réfugiée* s'accorde plus facilement au féminin. Un demandeur d'asile, une femme en difficulté. Le discours dans lequel j'ai baigné présente l'homme comme capable d'une clandestinité *assumée*. Il la porte en bandoulière, tandis que la femme serait celle que l'on secourt, celle que l'on doit aider. Une femme est censée rester, même là où on ne veut pas d'elle, tout en demandant de l'aide pour partir, généralement à un homme ; ce dernier est toujours le portail par lequel elle se sortira de toutes les difficultés.

Aussi éprouvais-je une gêne, presque sale, à choisir de rester là où certains me disaient que je n'étais pas à ma place. Je portais mon sac vide de papiers comme un homme porte son orgueil : en bandoulière. J'y dissimulais mon déjeuner en me donnant des airs d'étudiante très occupée, je me rendais à l'université sans jamais faire part de ma situation ; j'évitais de tomber malade, afin que l'on ne me demande pas où était ma carte Vitale.

Avais-je sécrété une hormone inédite durant toutes ces années ? Celle qui ordonnerait aux organes de ne pas défaillir, au porte-monnaie de toujours contenir un ticket de métro et quelques pièces, à l'estomac de taire ses élans ?

Dans mon pays d'origine, la gent masculine s'enorgueillit d'une maxime qui lui attribue deux poitrines. *Le propre d'un homme, c'est son double torse.* Deux cœurs, un pour compenser la sensibilité de l'autre. Une forteresse à l'épreuve de toutes les invasions émotionnelles.

Ainsi avais-je peut-être découvert le secret du double poitrail de ces messieurs. Aussi ne voulais-je pas trop l'ébruiter, de peur d'être assimilée à un homme, ce qui aurait été une insulte à ma nature auprès des femmes de ma famille. *(Porte des bijoux d'oreilles, ça fera oublier que tu as des lobes d'homme mature !)*

Porter sa clandestinité en bandoulière serait donc un comportement masculin. Le courage aussi, et toute femme prétendant à cette qualité se devait de présenter des traits attribués aux hommes : porter la culotte, parler fort, écarter les jambes pour s'asseoir. Je ne possédais aucune de ces caractéristiques, je suis ce qui se fait de plus cliché en matière de féminité, et pourtant j'étais là, arpentant les rues avec un récépissé à tirets arrivé à expiration, à la fois fière et honteuse de ce qui faisait ma fierté, honteuse et fière de ce qui faisait ma honte, incapable de me décider entre les deux.

De temps à autre, il m'arrivait de plonger la main dans mon sac et de toucher le récépissé. Il portait une photo d'identité sur laquelle ma pose était contraire à ce que demande votre Photomaton le plus proche. À l'époque où cette photo avait été prise, il était encore permis de tourner légèrement son visage pour obtenir un portrait de trois quarts. Mes tresses avaient été plaquées de sorte à créer l'illusion d'un visage fin, d'un regard de biche, d'une bouche qui semble n'en avoir cure.

Mon papier gaufré cartonné et moi, nous étions arrivés à expiration tous les deux et il m'a fidèlement tenu compagnie. Je nous imaginais dans la peau des grands voyageurs d'antan, Lawrence d'Arabie et Isabelle Eberhardt, qui se greffaient à une caravane ou montaient à bord d'un navire marchand avec leurs seuls rêves pour destination.

Tout comme le désert était leur terrain d'aventure, Paris était à la fois mon sanctuaire et mon itinéraire. J'arpentais ses ruelles, ses grandes routes, traçais le chemin suivi par les bus quand le cœur et les jambes m'en disaient.

Une question revenait, par intervalles réguliers. *Comment as-tu fait ?*

Quand votre présence en un lieu est questionnée sans raison palpable, concrète, vous perdez justement tout sens du concret. Vous devenez incapable de faire fonctionner un four chez une amie, qui s'étonne : comment se peut-il que les problèmes les plus complexes semblent si faciles pour vous, comme entamer un roman, quitter votre pays d'origine et vos repères, démonter et déplacer un lit deux places d'un côté du couloir à l'autre, alors que les opérations les plus simples de la vie — calculer la monnaie qu'un commerçant doit vous rendre, différencier deux lignes de métro, ne pas se tromper dans les horaires d'une intervention à une rencontre littéraire, comprendre une expression courante du quotidien — relèvent pour vous de l'exploit ?

Elle a raison, me dis-je tout en délibérant intérieurement devant sa plaque de cuisson. Un neurologue dirait peut-être que pour les esprits sous haute tension constante, habitués à devoir résoudre des questions compliquées, il est difficile d'amplifier le regard pour penser à relever le courrier. N'est-il pas de notoriété publique que les plus grandes entreprises, accoutumées aux factures colossales de *gros* coûts d'installation, de *gros* équipements, de *gros* œuvre, sont souvent en retard en ce qui concerne les petites dépenses telles que l'électricité, l'eau, le téléphone, l'entretien de la machine à café ?

Peut-être nos économistes pourraient-ils se pencher sur la question de l'immigration, non pas sous l'angle de la hiérarchisation des problèmes, mais sous celui de la quantité de cerveau disponible en état d'exil. Il ne s'agit pas d'opposer des « macro-préoccupations » à des « micro-soucis », mais de s'apercevoir que, selon les circonstances et les lieux de naissance, les premières prennent la place des deuxièmes, et ces derniers deviennent un luxe pour les personnes confrontées aux premières, quand celles-ci peuvent aussi refléter un certain esprit d'aventure, ne pas hésiter à relire et à relier si tout cela paraît confus.

On se retrouve donc avec ces deux versants de l'expérience humaine. Selon la pente sur laquelle on vit, il est difficile, par exemple, de ne pas trouver insignifiantes les irritations des autres lorsqu'elles paraissent plus petites que les nôtres, de ne pas surestimer la force de son interlocuteur lorsque son tourment à lui paraît plus douloureux.

Je me promettais, pour le jour où ma situation serait régularisée, de ne pas faillir aux études que j'ai poursuivies. D'honorer l'effort qu'elles m'avaient demandé en trouvant un travail dans ce domaine. Je prenais cela pour une intention noble, un pacte avec la vie. Du fond de mon subconscient, cependant, il est fort probable que je me sois comparée, en ma faveur bien sûr, à ceux de mes proches et de mes amis qui n'avaient jamais connu une situation similaire à la mienne, et qui, pour certains, hésitaient à choisir une voie professionnelle ou reculaient devant les opportunités.

Ils possédaient leurs papiers, eux ! Une CNI dans leur portefeuille ! Le passe-porte pour construire la vie qu'ils désiraient ! Si moi je l'obtenais, que ne ferais-je pas, hurlais-je parfois à certains sur un ton qui ne se voulait pas moralisateur, mais qui ne manquait pas sa cible.

« Prends mes papiers, que veux-tu que je te dise ? », m'a lancé un jour une amie. N'y aurait-il rien de mieux que les barreaux pour nous faire apprécier la liberté ?

« Dieu a besoin de Satan », m'avait un jour murmuré un libraire. Dieu, dans cette logique, représentait ce qui nous fait nous sentir vivants, cette liberté de sujet dont nous ne savons souvent que faire. Et Satan serait une manifestation de ce qui nous entrave et nous galvanise en même temps.

Ce n'est qu'une fois que j'ai perdu le droit de déambuler sans inquiétude dans Paris que j'ai réalisé à quel point j'avais eu de la chance de pouvoir y marcher sans me poser de questions — et cette préoccupation plus que primaire m'a forcée à plonger bien en deçà de la surface, loin sous le masque que je prenais jusque-là pour mon vrai visage. Je n'étais plus ni étudiante étrangère avec un visa ad hoc, ni fille-de-Quelqu'un-d'important, et encore moins une salariée ou toute personne équivalente capable de répondre à la question : « Et toi, que fais-tu dans la vie ? »

Comment as-tu fait ?

Quand on est en situation de semi-survie, on ne se demande pas *comment faire*, mais *que faire*. Pour traverser une journée de plus, pour retrouver la joie, pour aimer ; qu'aimer, que vivre, quoi servir.

Donner sa dernière pièce pour récolter des sourires. Rencontrer des personnes que l'on n'aurait jamais considérées comme pouvant faire partie de notre cercle en d'autres circonstances.

Utiliser à tout prix, gratuitement s'il le fallait, ces savoirs durement acquis à l'université, durement payés aussi, donc à ne pas gaspiller. La question de la vocation, de la quête de sens au travail ? Balivernes en ce temps-là. Il me fallait avant tout justifier ma présence sur le territoire. *Pourquoi étiez-vous là, déjà ? Qu'est-ce qui vous a amenée ici ?* La question se pose à nouveau, comme si la première réponse donnée — j'ai obtenu mon bac, je viens poursuivre mes études, et comme j'ai de la famille en France… — n'était pas la bonne, pas exacte, pas honnête.

Et c'était vrai. Ce n'était pas la bonne réponse.

Je suis venue en France, comme des milliers de mes contemporains et de mes prédécesseurs, pour des raisons tout autres que mes seules études. On le sait, implicitement, c'est plus insidieux qu'un secret de Polichinelle.

L'individu brumeux est aussi un individu englouti. Il se demande si, en descendant de l'avion, il a bien suivi les conseils du père : accroupis-toi, passe ton doigt sur le sol du pays d'accueil et lèches-en un peu de sable ; ensuite, prononce ces mots : je te mange, terre, mais tu ne me mangeras pas.

Je ne l'ai pas fait. C'est impossible, à l'aéroport Charles-de-Gaulle, le débarquement n'a pas lieu sur le tarmac. Sa modernité empêche de se rapprocher de la terre et de toute manière cette dernière ne présente pas de sable. Rien à lécher, il n'y a plus qu'à se laisser manger.

Déguster. Je me suis offerte à Paris pour qu'elle me savoure.

Quitter son pays, quel qu'il soit, permettrait-il de s'approcher davantage d'un *je* affranchi du regard social qui tient davantage du *surnous* que du *surmoi* ?

Je ne pouvais me résoudre à repartir, à renoncer au résultat promis par mes études.

Réussir : cela, aussi, m'a retenue, dans tous les sens du terme, maintenue sur le territoire, empêchée de baisser les bras, de me laisser sombrer. Il fallait rester, essayer encore, s'accrocher, peut-être, à une forme de déni.

Les certificats de scolarité successifs attesteraient de ma volonté de servir, du fait que je n'étais pas là pour manger l'argent des contribuables.

Voilà une troisième raison à mon refus d'abandonner la partie. Quitter le territoire, c'était admettre que mon séjour n'était, de toute manière, pas entièrement légitime. C'était accepter d'être non pas vaincue, mais de ne jamais avoir été prévue au départ. L'invitée-surprise à la fête d'anniversaire, que l'on ne chasse pas mais qui n'est pas vraiment la bienvenue. La pièce rapportée, cette étiquette qui s'acharnait à me coller à la peau : toute ma vie j'avais traîné cette identité de nouvelle venue, et une force en moi voulait que cela s'arrête, même si le prix à payer se révélait très élevé.

Il était temps de m'en détatouer, et j'avais décidé que ce moment, c'était maintenant, que l'abrasion aurait lieu, quelle que fût l'intensité de la douleur : j'allais apprendre à cesser de demander la permission d'être là.

Boucle 3. Élite

Il y a la crainte de tomber, et peu à peu ton dos se voûte

À la manière du cycliste gravissant la côte
Rouler, sur le tranchant de la crête
Surtout ne pas penser
Au dérapage
À la chute
À la roche pointue qui transperce le pied
Choisir quelle pensée nourrir
Celle où point le soleil
La pluie d'été, si tu préfères
Je connais l'inconnu
Quitter mes patries d'enfance
Parce que la guerre
Venir ici

Pour apprendre
La hâte
Tu la connais, cette poussée
Il suffit de te rappeler : les côtes qui se resserrent
La sortie du tunnel maternel
Voilà ce qui résume les départs hâtifs
Des naissances déguisées en catastrophes
En épreuves
En ruptures
Ceci n'est qu'une piqûre de rappel
Avancer
Ou disparaître

« Jusqu'à quand vas-tu vivre ainsi ? Tu pourrais retourner au pays. Les postes à la présidence seraient accessibles pour toi. Tu es tout de même la fille de quelqu'un ! »

« On se voit dans Paris ? Ah, tu n'as pas d'argent pour t'acheter un ticket ? Mais je pensais que ton père, pourtant... »

« Pourquoi ne rentres-tu pas avec notre oncle ? Il aura un poste au gouvernement, si les élections sont concluantes pour son candidat. Et tu pourras te rendre utile, au lieu d'être là, avec tes projets, tes projets... »

Dix heures. La porte en bois massif s'ouvrit en grand sous l'immeuble haussmannien du huitième arrondissement de Paris. Il apparut, chemise blanche immaculée — *C'est une Valnac, vois-tu* —, ouverte jusqu'au troisième bouton sur un torse rasé de près — ou imberbe, je ne sais pas faire la distinction.

Parfumé à l'extrême — essence de bois et d'épices —, cheveux coupés courts pour en révéler l'aspect lisse, moustache se poursuivant par des traits finement taillés le long des maxillaires et s'ouvrant sur un delta barbu, soigneusement coupé au ras du menton et du cou : un deuxième avocat, également un prétendant, se tenait devant moi, de toute sa hauteur pas si altière que cela, heureux comme un renard se réjouissant d'exhiber le contraste entre ses pattes noires et ses jambes de feu devant l'auditoire ébahi. *Une réussite de la Nature, n'est-ce pas. Je sais, je sais, ne te pâme donc pas si vite, jeune fille. Discutons un peu, avant...*

Voici ce qui m'avait amenée devant son bureau. Quelques jours plus tôt, il était allé voir mon père pour demander ma main. Ce dernier, toujours sur le qui-vive quant à sa mort qu'il pensait imminente, m'avait demandé d'au moins rencontrer le soupirant. « Il travaille au barreau de Paris, il a de quoi subvenir à tes besoins et possède une grande sensibilité artistique. C'est une belle occasion de vivre une histoire heureuse, il se fera un plaisir de financer l'écriture de tes livres et tu n'auras pas à cuisiner ni à repasser ses vêtements, puisqu'il prendra une bonne pour t'en alléger. Rencontre-le, au moins ; à défaut de te plaire, il pourra t'aider pour tes papiers ! »

Mes papiers. Une préoccupation qui côtoyait paradoxalement ma joie de savourer la liberté de circuler sans que l'on m'assignât une tâche à accomplir dans un bureau, sans obligation de résultats, sans même que l'on me demandât un avis d'imposition ou de faire un choix entre deux robes pour le cocktail du troisième soir.

J'éconduisis ce pauvre avocat, sans trop de dégâts, en l'appelant « mon frère », usant et abusant de notre identité commune. Il se sentit recalé sans se donner le droit de s'offusquer. « C'est un plaisir, en tout cas, d'avoir rencontré la fille d'un membre de l'élite du pays », a-t-il seulement lancé, dans un dernier soubresaut de séduction.

L'élite du pays. Les propos de l'avocat avaient mis à jour une autre raison à mon refus de partir, cachée celle-là, même à mon esprit inquisiteur. Bien dissimulée derrière mon cœur, elle attendait son heure pour émerger par surprise, quand il eut posé sur moi le regard de l'homme à l'état *solide* — détenteur d'une CNI, voir le chapitre précédent —, arborant l'air faussement compatissant du compatriote qui sait de qui vous êtes la fille et qui vous attend au tournant — *te voilà coincée, ma jolie, car l'un des tiens est au courant de ta situation. Ce serait dommage que tout le monde sache que la fille de ton père est en situation* irrégulière...

Irrégulière. *Qui n'est pas régulier dans sa forme, ses dimensions, sa disposition*. Tout le contraire de la fille d'un homme haut placé dans son pays. Criante serait la débâcle si l'on ébruitait que j'étais clandestine.

Criante et jouissive. Le moineau se réjouit que l'aigle batte de l'aile. Et j'étais la fille d'un aigle.

Repartir, c'était admettre ma défaite. Quand on vous envoie à l'étranger, quand on est contraint de vous livrer à vous-même parce que les universités n'ont pas encore la performance de celles que vous rejoignez, on vous lance comme un projectile aussi loin que l'on peut. Tel est l'effort des parents de ces étudiants que l'on croise dans les couloirs de la faculté ou de la bibliothèque, l'œil trop sûr de lui pour masquer l'état de profonde errance dans lequel ils se trouvent, le pas affirmé à l'excès pour occulter la quantité de nuages de poussière soulevés. L'accent, marqué parfois, qui trahit le long périple depuis un monde rendu tiers par la géopolitique…

Leur venue a souvent coûté à leur famille : un terrain hypothéqué, les économies d'une vie, la vente d'une maison, la moitié d'une retraite.

On prend une inspiration profonde quand on laisse partir son enfant. Lorsque mon père m'avait rejointe devant la porte, encore en boubou de maison, la canne à la main, un sourire désolé au centre des lèvres, ses yeux avaient parlé aux miens avant qu'il n'eût ouvert la bouche. « Je ne peux pas te suivre, j'ai mal à la jambe, ma chérie. Le nerf sciatique. » Son regard avait brillé du refus de me laisser partir. Envoyer son enfant au loin, c'est retenir son souffle, aspirer l'air, puis l'emprisonner au fond de soi-même, là, sur le sol concave du diaphragme. C'est espérer l'expiration au retour de sa progéniture. La poitrine coupée, nombreux sont les parents qui scrutent l'horizon avec anxiété, front plissé, main en visière au-dessus des yeux où luit un espoir fou : celui de les voir revenir, peut-être à bord d'un char solaire comme Hélios ou Anahita. Pour amorcer un changement, dans leur vie, dans leur ville, dans leur pays, quelque part, *pour faire la différence*. Parce qu'il faut bien une raison puissante pour légitimer un tel arrachement. Que quelqu'un en paie le prix, et puisque l'ancien colon ne le fera jamais, c'est impossible, quelqu'un doit bien s'en charger. Panser la plaie, le plus souvent possible, car elle reparaît, hydre impitoyable de fatalité, à chaque saison des départs.

Je n'avais pas encore de char, je n'en ai toujours pas : il m'était difficile de savoir avec quel matériau le construire. Ce dernier n'est jamais le même selon les conversations. Tantôt il est fait de succès qui se doivent d'être fulgurants, *visibles* — écrire un roman, est-ce que cela suffit ? Deux ? Faut-il remporter un prix ? —, tantôt il consiste en un mari, un foyer ; à défaut d'être la première femme à diriger telle ou telle ONG, fonder une famille, au moins, de préférence à l'étranger. Puis envoyer régulièrement de l'argent par le biais d'un organisme de transfert, et au bout de quelques années, pas trop tout de même, amasser une somme suffisante ou l'emprunter pour construire quelque chose au pays, *tu comprends, pour prouver que tu vis bien ta vie et que je puisse, moi qui t'ai mise au monde, nous qui t'avons élevée, nous enfin — la société — qui représentons tes parents, afin que nous puissions, disais-je disions-nous, nous enorgueillir de ta réussite, que ton départ n'ait pas été vain...*

Il est donc des départs vains, et des départs... qu'est-ce qui pourrait bien en être l'inverse ?

Un voyage dont on revient triomphant ?

Le souhait formulé, telle une prière, quand on laisse son enfant s'envoler au lointain, ressemble au chant d'un oiseau dont le petit apprend à user de ses ailes. Il — le vœu — prend la forme d'un poème, commençant non pas par une promesse ni un désir, mais par son contraire : un contre-vœu.

Puisses-tu ne jamais.

Boucle 4. Singularités

Qui n'a entendu, parmi celles et ceux qui ont eu une mère aimante, ce souhait gorgé d'amour ?

Puisses-tu ne jamais. Manquer, vivre la trahison, te retrouver seul, seule, être malheureux ; puisse le malheur ne jamais te toucher, mon enfant.

Quelle que soit la société dans laquelle nous naissons, ce sont les mêmes fées qui se penchent sur notre berceau, si nous avons la chance d'avoir été le fruit d'un désir. *Puisses-tu ne jamais* constitue à la fois un vœu et un sort.

Un vœu : celui des adultes chargés de prendre soin de nous et qui nous aiment.

Un sort : souhaiter le bien d'autrui, n'est-ce pas en même temps lui *interdire* de croiser son ombre ?

Qui n'a jamais, après avoir trébuché sur une de ses propres failles, tenté d'accuser d'autres — personnes, circonstances — sans lesquels la chute ne serait jamais arrivée ?

Puisses-tu ne jamais se transforme, à mesure que l'on grandit, en *tu n'es pas capable.*

De manquer — d'y remédier.

D'être trahi — d'en apprendre.

Une interdiction implique nécessairement une sanction. *Sinon...*

La honte, la pitié, la moquerie des autres. Sur toi et sur nous.

Trébucher, tomber, devient donc trahir, et celui que l'on ne voulait pas voir trahi se trouve traître lui-même à la cause qu'il sert sans le savoir depuis la naissance.

Mais que trahit-on ?

Pour répondre à cette question, j'invoque une formule similaire, que prononcent les mères telles que la mienne dès que leur petit entre à l'école.

Puisses-tu devenir un être que l'on envie.

Il est là, le nœud qui me retint entre deux rives de terre meuble durant quatre années, tout en m'immergeant dans les eaux du déni.

Devenir enviable, c'est déclencher une avalanche d'éloges sur sa famille. Si cette dernière compte déjà des membres à la réputation prestigieuse, cela ne fait qu'ajouter à sa gloire et confirmer l'héritage de noblesse. Si ce n'est pas le cas, le vœu est encore plus lourd de sens : sauve-nous de l'oubli, car l'oubli est frère de la misère.

Pourquoi donc l'oubli serait-il frère de la misère ?

Cela dépend de *qui* vous oublie.

Repartir, c'était faire face à mon absence totale de réseau professionnel sur place. Donc, accepter de procéder aux mesures nécessaires pour m'en constituer un nouveau. Jouer de mes relations, séduire juste assez pour obtenir une entrevue, puis un peu plus pour parvenir à mes fins. M'imposer, réclamer au lieu de demander. Exiger, me montrer *assertive*. Assumer les accusations d'agressivité dès que je dévoilerais la couleur de mon tempérament ou poserais des limites claires.

Toutes ces choses que je ne savais pas faire.

Tout ce dont je pouvais faire à peu près abstraction en restant en France, là où il était possible d'occuper discrètement un poste n'ayant aucun rapport avec mes études. D'accepter un salaire plus bas que celui que je méritais, le temps de gravir les échelons, et ce, sans honte, parce que personne ne viendrait me demander de l'argent.

Retourner chez moi aurait exigé que je termine la construction de la maison que mon père me destinait, dans laquelle je vivrais, selon la tradition, avec mon futur mari. Que je me marie, tiens, au passage, car il serait impensable de vivre célibataire en étant qui j'étais. Que j'occupe un poste important et rentre le soir pour préparer des galettes *kuskuma*. M'installer. M'enraciner.

Moi, une plante rempotée.

Je ne connaissais que mes amis du lycée, qui, comme moi, étaient en construction. L'influence de mes parents n'était plus aussi grande qu'à l'époque de leurs trente ans, et mon père, du fait de ses prises de position politiques, comptait dans son cercle plus d'ennemis que d'amis prêts à protéger sa fille.

De plus, par nature, je n'ai jamais été de celles que l'on envie, ni pour leur beauté spectaculaire, ni pour leurs accomplissements universitaires ou professionnels, ni pour leur prise de parole clairement militante — une autre façon dont j'aurais pu me distinguer. J'avais froid aux yeux, moi. Faire face à un ministre pour le sommer de m'accorder un poste, soutenir son regard s'il lui venait l'idée de me faire des avances, l'éconduire avec assez de subtilité pour ne pas être taxée d'insolence, cela m'était impossible. À côté, le poids de la clandestinité n'était certes pas moins lourd, mais au moins, je pouvais en saisir les contours. Il ne contenait pas de frais cachés.

Rentrer, c'était devoir tout recommencer à zéro, nager avec les plus ambitieux de ma génération, les plus extravertis. C'est ainsi que cela fonctionne, dans mon espace-temps d'origine. Pour mes amis du lycée, c'était évident. Pour moi, qui ne suis pas romancière par hasard, cela revenait à plonger en eaux profondes et à intégrer la menace des requins. Cela m'aurait demandé de faire émerger tous les jours de moi l'arsenal de défense que je réservais pour les occasions spéciales. Il y avait un monde entre le fait d'abriter en soi la détermination d'un crocodile et celui d'ouvrir sa gueule à tout moment.

J'avais demandé à mon père, au téléphone, s'il souhaitait que je le rejoigne, puisque mon avenir en France était incertain.

« Je voudrais te voir vieillir », avais-je argumenté, la voix chevrotante.

« Ne viens pas. Tu te prononcerais à la moindre injustice, et je suis maintenant trop vieux, justement, pour te défendre. Ma voix ne porte plus assez loin. De plus, personne ne sait que tu es ma fille, je t'ai eue très tard. Le temps que l'on t'identifie... »

Je n'étais pas assez enviable, donc, aux yeux de mes compatriotes, pour que l'on se souvienne de moi et que ma voix porte aussi loin que la sienne.

Repartir, c'était trahir la promesse de *puisses-tu ne jamais*, en dévoilant ma nudité aux yeux de tous, en me montrant dépourvue de tout ce qui pouvait me distinguer comme étant digne de ma lignée : carrière professionnelle florissante en France, doctorat en poche ou prix littéraire important.

Il fallait rester, accomplir, afin, peut-être, de se sentir assez légitime pour montrer le bout de son nez.

Il fallait devenir un être *singulier*. Mes seuls atouts en ce qui concernait cette exigence, c'était ma dévotion à la littérature et à l'astronomie, et ma soif spirituelle. Mais qui est-ce que cela intéressait ? Qui voulait connaître les épopées des mystiques dont mon père, lorsqu'il ne protégeait pas l'image de la famille, m'abreuvait avec bonheur ?

Je n'ai jamais manqué une seule des cinq prières prescrites par le Coran. Je me suis toujours débrouillée pour que chaque journée soit jalonnée de son quota de prières. Le jeûne du ramadan, aussi, a constamment été respecté à la lettre, année après année. Jamais une ligne n'a dépassé. Jusqu'à cette histoire de papiers. Jusqu'à ce que *puisses-tu ne jamais* se mue en *à toi aussi, ça peut t'arriver.*

Est-ce cela que l'on appelle l'arrogance ? Ce regard surpris de se découvrir humaine, cette sidération à l'idée de partager un lot commun ?

Ne sois jamais. C'est cette promesse que l'on trahit. En refusant de la tenir, on se tourne vers les autres, les non-singuliers, et c'est alors que l'on réalise qu'eux aussi ont voulu, tenté, puis renoncé un jour à être particuliers. Paradoxe, c'est en quittant ce désir que l'on devient, pour d'autres, intéressant. Comment ne pas s'y prendre les pieds ?

Il existe une façon de ne pas trahir la promesse de ne pas trop vivre, ou du moins s'en donner l'illusion, lorsque les conséquences s'avèrent, à raison, vertigineuses.

Elle consiste à ne jamais quitter le giron de la validation parentale. Celle-ci peut pallier, dans bien des cas, les creux laissés dans le lien d'amour, le trop-plein de conditions à ce dernier. Alors on s'intéresse aux autres et on rejoint enfin la vague que l'on a longtemps fuie ; on comprend qu'on n'y a pas échappé, on a cru l'éviter ; par conséquent on ne la rejoint pas, on prend seulement conscience que l'on en a toujours fait partie, et il faut alors tourner le dos au leurre dans lequel on a pataugé durant tant d'années, pour faire face enfin aux autres qui jamais n'ont été dupes de ce jeu puisqu'ils y jouent, y ont joué, n'y jouent plus mais y retourneront à nouveau : les semblables.

Ceux qui partent, toutes attaches déliées, se donnent en effet une chance, voulue ou subie, de renouveler l'humus du lien familial, de se débarrasser des écailles de la fille parfaite ou du fils prodige pour laisser la place à l'inconditionnel.

Puisque l'interlocuteur idéal ne se présentait pas, je l'inventai. J'entamai l'écriture d'un roman. Il y serait question d'ésotérisme, de recherche de soi, et de ce dont je manquais le plus à cette époque : un territoire.

Une voyageuse qui trouverait un lieu prêt à l'accueillir et à devenir sien. Sous certaines conditions.

Accepterait-elle de les remplir, ces contraintes, pour l'amour de l'idée de posséder un lieu où s'installer ? Tout en écrivant, je me remémorai un proverbe comorien. « Mieux vaut sortir pour rien que rester pour rien. » J'étais partie dans cette contrée d'irrégularité, pour gravir l'insurmontable : revenir dans le circuit des personnes légales sans que qui que ce soit dans mon milieu d'origine ne me fasse la courte échelle. Je devais rencontrer ma singularité, loin des fées. Je retournai à mes vieilles amours : les librairies.

*

Contre l'avis des libraires, j'allais souvent m'asseoir entre les rayons de l'une d'entre elles pour lire de nouveaux livres. J'y rencontrai mes maîtres en matière de traversée.

Kafka sur le rivage (Murakami), *Oui mon commandant !* (Hampâté Bâ), *Le parfum* (Süskind), *Parle-leur de batailles, de rois et d'éléphants* (Enard).

Aucun auteur ne parvenait à me proposer plus d'un de ses romans. Mes lectures étaient aussi morcelées que cette parcelle de ma vie. Il se produisait un étrange phénomène, dès que je terminais la lecture d'un chapitre : j'éprouvais le besoin d'en écrire un pour moi.

Il me fallait trouver un moyen de laisser s'exprimer cette nouvelle pulsion qu'avait fait naître le vide. J'avais toujours écrit, mais je n'en avais jamais éprouvé l'envie de cette manière, pas de façon aussi *charnelle*. Néanmoins, j'oubliais toujours d'emporter un carnet, et les tickets de caisse devenaient trop petits pour que j'y satisfasse le désir soudain qui ne pouvait attendre. La tension était de moins en moins résistible, et un de ces jours où le raisonnable ne fonctionne plus, j'utilisai donc tout mon budget de la semaine pour acheter trois livres. J'en noircis la première et la deuxième page de garde, puis l'arrière des couvertures, et enfin les deux centimètres de marge en haut, en bas, à gauche et à droite de chaque page. Les ouvrages que je lisais devenaient ainsi la genèse de mes propres créations à venir, ils les engendraient, les extirpant littéralement de leurs entrailles de papier.

Je découpais ainsi les romans en tranches, de manière symbolique, puis j'y insérais mes propres histoires, mes observations, mes sentiments. Dès qu'un évènement survenait — la visite d'un frère un peu trop porté sur l'explication du fonctionnement des atomes, un désaccord avec une sœur ou un parent, une incompréhension, une rencontre avec des contrôleurs zélés —, je furetais dans les romans que j'avais achetés, espérant trouver refuge auprès de l'un d'entre eux, et j'écrivais. Mue par l'idée d'infiltrer un lieu qui m'hébergeait sans être tout à fait mien, je préférais finalement ces entrées par effraction à la liberté de mouvement que proposaient les carnets et les cahiers, que l'on m'offrait pourtant. La contrainte, le sentiment d'enfreindre devinrent non pas un plaisir, mais un carburant. Au fil des mois, je me constituai ainsi une bibliothèque de livres hybrides.

La librairie jouxtait un café : si j'avais dix euros, je m'offrais un livre et un thé ; si j'en avais cinq, mon choix se portait le plus souvent sur le livre et je me convainquais que la nourriture pouvait être aussi spirituelle que matérielle, respirant les pages à pleine bouche, avalant leur odeur.

Une idée se mit à germer, et j'avais besoin d'un endroit où l'on ne me regarderait pas de travers pour réfléchir.

Je ne pouvais pas rester ainsi, sans agir, à attendre qu'un organisme d'aide me réponde, à perdre l'usage des compétences que j'avais si durement acquises durant mes études. Une enfance aussi heureuse et riche que celle que j'avais eue ne pouvait se conclure par une vie adulte délaissée.

Boucle 5. Candeur

Histoire de l'orangeraie

Un voyageur s'arrête devant un arbre duquel sont tombées trois oranges. Il a soif. La tentation est forte, aussi forte que le soulagement qu'il éprouve quand le jus se met enfin à couler le long de son gosier après une morsure bien décidée.

Sitôt qu'il a vidé le fruit, un homme apparaît, plus âgé que le voyageur. Il le regarde avec un mélange de fureur et de curiosité.

Après les habituels « qui es-tu ? » qui parsèment ce genre de contes, l'homme âgé accepte de pardonner au voyageur sa maladresse, à une condition : que ce dernier épouse sa fille.

Avant que l'étranger n'approuve, moitié pris de court moitié effrayé, le père ajoute : « Ma fille est sourde, aveugle et muette. Acceptes-tu, ou préfères-tu me rembourser ? »

Le voyageur acquiesce.

Le mariage est conclu — nous sommes dans l'espace-temps où les femmes n'ont voix à aucun chapitre de leur propre vie.

Lorsque le couple se rencontre enfin, et qu'elle tire le voilage suspendu au-dessus du lit, notre voyageur remarque que le père lui a menti : elle le regarde droit dans les yeux, et répond à son salut !

« Mon père ne t'a pas menti, ajoute-t-elle. Je suis aveugle à ce qui trompe le regard, sourde à ce qui trahit mon cœur, et de ma bouche ne s'échappe que ma vérité. Et ma vérité, c'est que ces oranges étaient trop bien disposées pour être tombées. Il me fallait un homme digne de vivre ici et d'y marquer son territoire comme je l'ai fait moi-même. »

Qui a posé les oranges au sol ? Est-ce la fille, qui aurait remarqué le voyageur, disons un jour en ville, et qui aurait résolu de l'épouser, inaugurant au passage un espace-temps où les hommes n'ont pas d'avis à donner ?

Est-ce le père qui aurait décidé de piéger le premier venu, las de nourrir une jeune fille en âge de le débarrasser de sa charge ?

Nul ne le sut jamais, ainsi qu'il arrive dans ce genre d'histoires. Mais une question en émerge. *Serions-nous inconsciemment les metteurs en scène candides de nos errances supposées ?* Lorsque j'écris, il m'arrive de scénariser un moment essentiel dans le roman, puis d'agir comme si j'étais complètement emportée par mes personnages au moment d'écrire.

Je prépare les grandes lignes de la scène, je l'écris parfois complètement, à la main, dans le train ou en un autre lieu non propice à la concentration. Non propice. À dessein.

Puis, une fois devant mon ordinateur, je me mets dans une sorte d'état de transe durant lequel je pianote fiévreusement sur le clavier, comme sous la dictée de mon propre cahier, comme si c'était une autre qui avait écrit à la main et une autre qui saisit l'histoire, et une troisième qui lira le texte une fois celui-ci imprimé.

Ce scénario qui encadre le scénario est construit à dessein, même si je ne l'avoue presque jamais.

À dessein, parce qu'écrire lorsque toutes les conditions sont réunies, c'est presque… trop simple. Trop fluide.

L'impossibilité, l'insurmontabilité sont mes alliées : je ne les surmonte pas, je les avale, je les absorbe, je les fais miens. J'y *survis*.

Ce verbe vient de surgir au milieu de cette page et je comprends enfin, en même temps que le lecteur, peut-être, le nœud d'où procèdent tous les autres : je n'ai jamais quitté les bords du lac Tanganyika, où cet homme se faisait malmener par le crocodile, parce que dans mon regard d'enfant, cela ne se pouvait pas que la trace laissée par cet homme en ce monde soit réduite à la maltraitance du terrible reptile. Que se passait-il dans son esprit, tandis qu'il s'élevait dans les airs, juste avant de se dire « je vais finir dans la gueule de ce monstre » ?

Ma psychologue me disait souvent que nous nous efforcions de trouver un sens à l'innommable, non pas pour le nier, mais pour ne pas y perdre notre innocence. Notre naïveté. L'ultime survie, donc : préserver la candeur.

Par naïveté, j'ai imaginé que cet homme devenu proie chantait à tue-tête tandis que son tortionnaire le projetait dans les airs. Il avait vue sur les vaguelettes du fleuve et espérait disparaître à chaque envol ; mais en désespoir de cause son esprit a quitté ses membres, son estomac et ce nœud de nerfs au centre de la poitrine pour se loger dans son cœur ou sa tête, peu importe ; dans le lieu qui servirait au mieux sa part d'innocence, sa naïveté. La naïveté, même si elle l'avait conduit à une mort imprudente, était le seul organe que le crocodile ne pouvait pas déchiqueter.

Par naïveté, lors de nos balades à Bujumbura, je croyais que ma mère et moi arrivions par magie devant notre maison après avoir fait le tour des quartiers ; je refusais de voir qu'elle s'ennuyait, seule sans ses amis d'enfance dans cet endroit si éloigné de son élément, et que nos balades vespérales n'avaient pour objet que de tromper le vide. Cela ne se pouvait pas, sa vie ne pouvait se résumer à cela.

En France, la candeur a noué un boulet à mon dos pour que je ne me lève pas ce jour où je devais renouveler mon titre de séjour, pour que je manque mon rendez-vous à la sous-préfecture. Les années qui s'en sont ensuivies ne relèvent que de la responsabilité de cette exigence de naïveté : il ne se peut pas, je ne pouvais admettre que des mesures aient été pensées, organisées, mises en place pour dénier à une partie de la population de ce monde l'accès aux ressources tandis que pour d'autres l'obtention d'un visa, quand elle est requise, n'est qu'un impondérable facilement réglé.

L'ingénuité m'interdit d'admettre que pour ceux qui viennent de la même zone géographique que moi, voyager ait un caractère nécessairement définitif : que pour les uns ce verbe rime avec *explorer, découvrir, s'émerveiller*, et pour d'autres, *quitter, abandonner, manquer, s'esseuler*.

Que l'on ne s'y trompe pas : je n'envie en rien le premier groupe et je ne cherche pas à quitter le deuxième. C'est l'idée d'imposition, pas de carcan mais bien d'imposition, avoir le choix entre le *rien* et le *difficile*, être mis en situation d'envier ce que l'on n'aurait pas envié si l'on n'en avait pas pris connaissance, faire étalage d'un avantage dont on bénéficie devant ceux qui ne peuvent pas en rêver, ne l'ont pas cherché, n'en voulaient pas au départ : c'est cette idée que je traque.

C'est la parole sans doute prononcée par le conquistador lorsqu'il rencontre le chef inca dont le plastron est taillé dans le métal jaune : *de l'or, tu portes de l'or*, et la concupiscence que l'autre découvre dans son regard qui change immédiatement le sien, de regard, sur tout ce qu'il possède, instillant en lui cette sensation confuse mais bien présente d'avoir raté quelque chose, d'être passé à côté d'une occasion d'être *plus*. Plus grand, plus remarquable, plus fort, plus capable. Plus puissant.

Je ne pouvais faire mienne cette litanie de mon île natale à destination de ceux et de celles qui s'en vont chercher meilleure vie :

Tu as mangé le poisson du nom de Reviens
— *rûdî* ;

Tu embarques à bord du navire nommé Réussis
— *mmwâdi.*

Ces vers, quelque poétiques qu'ils soient, impliquent une promesse de triomphe et je ne pouvais m'y résoudre, je ne cherchais pas à gagner, je voulais vivre.

Par le même phénomène, je m'assois à la table d'un café tandis que les clients y parlent de leurs déboires professionnels ou sentimentaux, que les serveurs honorent la réputation des restaurants parisiens en se hurlant les uns sur les autres, faisant cliqueter les couverts, ou je prends place sur le strapontin d'un RER bondé au lieu d'attendre le prochain : puis, sortant un carnet ou un ticket de caisse, je tente d'écrire par-delà l'impossibilité.

C'est par naïveté qu'un citoyen brumeux est toujours en bonne santé. Il contracte une grossesse à très long terme de ses futures pathologies. Son corps est enceint des miasmes qui ne peuvent se manifester durant la période d'irrégularité. Il faut donc être régulier pour être malade, ce qui devient une chance.

Je n'enviais plus ces amis qui disaient se rendre chez leur généraliste ou aller voir l'ostéopathe et leur parler d'une gorge râpeuse, d'un nœud à l'estomac, d'un enflement quelque part. Je voulais leur dire que ce n'était rien, que l'on survit à tout, que l'on se sort de tout, que l'impuissance n'est qu'une énième illusion quand on ne veut pas changer les verres avec lesquels on contemple les choses qui nous arrivent.

Mon nœud, quant à lui, se logeait à l'arrière de la nuque, dans la zone du sac à dos, celle qui se contracte lorsque nous entrons dans une rame de métro et que le bagage est trop volumineux pour qu'on tente de le retirer, mais assez gênant quand il reste entre vous et la dame agacée-engoncée derrière vous. J'entendais les soupirs, je comprenais l'exaspération, mon regard tentait tant bien que mal de s'excuser d'être là, mes dents découvraient les joies du bruxisme et il fallait garder, garder le cap, vers où je ne savais, mais il importait de le maintenir.

— • —

« Comme je regrette de ne pas avoir accepté... », avait soupiré mon père.

Il avait passé la main sur ses cheveux blancs, rasés de près. « J'étais membre du parti indépendantiste, à l'époque où nos îles faisaient partie des colonies. Tu le sais. Quand nous avons réclamé l'indépendance, on nous a proposé la nationalité. Certains diront que j'aurais dû la prendre, d'autres, que j'ai eu raison de refuser. Ton père n'est pas parfait, mais il a tenté l'aventure de l'indépendance totale. Néanmoins, quand je te vois prête à sortir dans le froid et la nuit... Ma fille, je regrette tellement... »

J'avais posé ma main sur la sienne, qui était charnue, de celles qui rassurent avec leurs doigts boudinés, parsemés de poils sous la phalange centrale, puis j'avais ramené sa paume sur ma joue, c'était le coussinet d'une patte de lion. Il l'avait tapotée brièvement, puis l'avait retirée, par pudeur.

« Aurais-tu été le père que tu es, si tu avais accepté ? Si tu avais trahi tes idéaux, tes principes, ne serait-ce qu'un peu, aurais-tu pu me regarder en face aujourd'hui, quand je me révolte contre les injustices ? Saurais-tu débattre sur nos divergences si tu n'avais pas tranché dans le vif à cette époque ? »

Il m'avait souri. La gratitude, dans ses yeux, avait remplacé le remords. Il arrive que l'on rencontre ses parents au-delà de leurs rôles de mégalithes.

Boucle 6. Gens de bien

Un soleil radieux perçait à travers les stores relevés de la chambre d'hôpital. Il révélait les fientes de pigeon ayant terminé leur trajectoire sur les vitres.

Près du fauteuil où j'étais assise se trouvait le lit où mon père était allongé. Je l'avais toujours vu en grande tenue le jour. Costume-cravate, *kandu*-costume, manteau *djuba* en coton rose ou vert et turban blanc brodé d'arabesques brunes et dorées. Le soir, un boubou, ou le marcel qu'il portait spécialement pour que mon frère et moi nous tirions dessus en riant, pour le conduire à table.

J'étais l'une de ces filles qui ne jurent que par leur père, longtemps idole indéboulonnable et pilier hologramme depuis mon arrivée en France.

À présent, dans son pyjama blanc à fleurs bleues, il ressemblait à un fauve au repos.

L'infirmière entra, lui demanda de quoi il pouvait avoir besoin. Je me tournai vers la fenêtre pour la laisser l'examiner. D'une voix extrêmement douce, elle lui annonça que son repas serait bientôt servi, que le médecin lui rendrait visite sous peu, et s'en alla en lui rappelant qu'elle serait là s'il avait besoin d'elle. Il la remercia. Elle répondit qu'elle ne faisait que son travail.

« Et dire qu'elle vit peut-être l'enfer dans sa propre vie », murmura-t-il une fois qu'elle fut partie.

Je revins vers lui. Nous observâmes un silence gêné, qu'il rompit calmement.

« La question, vois-tu, n'est pas de décider où vivre, comment vivre, si l'on a le droit de vivre, mais de vivre. »

Ses mots, comme la lune rousse, reparaissent à chacune de mes saisons sombres.

Je posai ma main sur celle de mon père, sur ses doigts bouffis et poilus, pour la dernière fois.

Boucle 7. Cœur, sous-cœur

L'adversité est le meilleur élixir d'amour. Ceux qui ont vécu les guerres le confirment aux historiens : lorsque deux soldats croisent le fer, l'un d'eux au moins a le cœur attaché. Aussi n'était-il pas étonnant que j'aie trouvé de l'espace, parmi les demandes de recours et de refus juridiques, pour tomber amoureuse et plonger entièrement, malgré les mises en garde de cette maxime de chez moi : « Quand on aime, il faut avoir un cœur et un sous-cœur. »

Je savais ce qu'on lui dirait. Je voyais venir l'iceberg de loin, sa pointe toute gentille avançait vers moi, en toute innocence. *Et si elle en avait juste après tes papiers ? Et si elle te quitte dès qu'elle les aura obtenus ? Et si tu devenais le dindon d'une farce internationale ?*

« Ne deviens pas Française par mariage », m'avait prévenue mon oncle, encore un autre avocat, sur un ton péremptoire. « Ça finira par te retomber dessus. »

Nous voici revenus à l'état d'urgence. À la retenue qui exige de retirer le pain du thé avant qu'il ne gonfle, voire de ne pas le tremper du tout. J'en vins à douter de mes propres sentiments. Mon cœur penchait-il vraiment pour cette personne, ou n'étais-je qu'une âme perfide en quête de solidité ? Mais alors, pourquoi diable prévoyais-je de rester au-delà de la régularisation de ma situation ?

Afin de ne plus douter de mes intentions, j'énumérais des mises en garde similaires dans mon esprit, les extrapolant pour en souligner l'absurdité auprès de ma conscience, si prompte à remettre mon cœur en cause.

Ne deviens pas mère, un jour ton enfant te fera des reproches. Ne marche pas, tu risques de tomber. Ne respire pas : l'air est corrosif. Ne viens pas au monde, la vie finira par t'éprouver.

L'amour, quand votre partenaire est citoyen d'un pays ayant l'avantage dans le jeu du pouvoir et que vous êtes étranger ou en situation irrégulière, est toujours teinté de crainte, c'est ainsi.

Peur que votre conjoint ne vous prenne pour acquise, parce qu'il vous aura fourni la précieuse clé pour rester. Terreur, de sa part, que vous ne l'ayez épousé que pour devenir citoyenne légale à travers lui, prête à le quitter dès que vous aurez obtenu le précieux « laissez-vivre ».

Chacun gère à sa manière l'éléphant au milieu du lit. Telle femme refuse mordicus de demander la nationalité par mariage, préférant bénéficier du droit de séjour renouvelable de dix ans qui lui est accordé et se rendre, au terme de cette période, devant les portes de la préfecture, à l'aube. Tel homme préfère demeurer étudiant et travailler à mi-temps, le temps de trouver un emploi adapté à ses études. Plutôt se geler les pieds chaque année devant la préfecture que risquer d'être accusée de profiter de son époux.

Le jeu est truqué dès le départ, pour des raisons que chacun s'invente, et on ferme les yeux, ensemble.

Vous pouvez vous rassurer mutuellement, chaque jour, par des marques d'affection, de grands gestes romantiques, ou en passant des caps. Vous pouvez devenir plus riche qu'elle, que lui, vous illustrer, vous distinguer dans votre domaine, afin de lui montrer que votre valeur ne repose pas sur ses papiers.

On peut y mettre du sien, tout le sien, pour démontrer sa sincérité, il reste toujours, comme ces trois ou quatre spaghettis que l'on se promet de manger chaque fois que l'on ouvre son frigo, et qui finissent par moisir dans leur Tupperware, un fond de doute, une cuillerée à soupe de *et si ?*, qui finit par se mêler aux ingrédients sacrés du partenariat amoureux.

Dès lors, ce n'est plus qu'une question de temps avant que n'explosent ces terribles mots, à l'occasion d'un désaccord ou d'une déception. *Je t'ai tout de même sorti(e) de la merde.*

C'est fait : l'un des partenaires est étiqueté « bénéficiaire », tandis que l'autre devient le créancier, dans un contrat à durée éternelle que rien ne saurait rendre caduc, pas même un divorce.

Ces dénominations ne sont aucunement des fantaisies issues de mon imagination. Elles existent, et c'est nous, société, collectivement, qui les installons dans les esprits.

J'étais amoureuse et comme le voyageur dans le conte, j'ai décidé d'opposer la confiance au doute ; j'étais femme à aimer plus que mon cœur, aussi ai-je plongé tête la première dans le conte dissuasif.

J'acceptai sa proposition de nous marier à la mairie, pour faciliter nos vies à tous les deux.

Cependant, une taxe doit être payée pour récupérer la carte de séjour. Quelques centaines d'euros et plusieurs entretiens, comme si les levers à l'aube, les nuits interminables, les thermos devant les portes de la préfecture, les orteils glacés, les journées de travail perdues ne suffisaient pas. *Il faut se pencher pour ramasser un trésor sous le lit.*

Boucle 8. La Question

Ils vécurent heureux et se rendirent à la préfecture. Ils ont obtenu un rendez-vous à dix heures pour entamer la régularisation du séjour de l'épouse. Ils se présentent ensemble devant la porte d'un bureau. Une femme en sort, yeux cernés, déterminée à démêler le vrai du faux, prête à en découdre avec on ne sait quoi. Elle invite l'épouse à entrer, non, elle la somme de la suivre, puis ferme bruyamment la porte et commence l'entretien. Elle dégaine les questions, c'est une cow-girl de la loi. Pour forcer le trait, elle pose sa jambe gauche, fourrée dans une cuissarde, sur la droite. Ses doigts planent au-dessus du clavier aux touches épaisses, prêts à enclencher le détonateur. Le coup qui claque, c'est sa voix. Sèche et prompte comme un projectile.

« Quel travail exerce votre époux ? » demande-t-elle à l'épouse.

Celle-ci répond, tentant de garder son calme face au ton fouettant.

« Quelles sont ses passions ? Avez-vous voyagé ensemble ? Où ça ? C'est quoi, une journée type, pour lui ? Où se voit-il, dans cinq ans ? Dans dix ans ? Partagez-vous ce plan de vie ? »

La Question se présente en rafales, figeant les routes des époux, les rivant l'un à l'autre. L'épouse tente d'ignorer la barre de métal qui remplace peu à peu sa colonne vertébrale, mais c'est peine perdue : dès la question suivante, la femme la lui fait davantage sentir.

« Vous venez d'un pays musulman. C'est quoi, pour vous, le blasphème ? La laïcité, vous en pensez quoi ?... Non, mais vraiment, qu'en pensez-vous ?... Le blasphème, êtes-vous bien sûre que ce n'est pas un péché ? Et *Charlie Hebdo*, pensez-vous qu'on a eu raison de... »

Elle sursaute sur son siège. « Comment pouvez-vous insinuer que je suis d'accord », veut-elle hurler.

Mais il faut se retenir : le pain doit garder toute sa compacité. Alors elle répond, explique, argumente, modère sa passion. Retenir, toujours retenir, cela bouillonne depuis ses mâchoires jusqu'en dessous du menton. Elle tousse de tout ce qu'elle ne peut lui dire, une quinte de non-dits se déclenche. La cow-girl lui propose de prendre un verre d'eau sur la table. Il était donc prévu qu'elle vacille, et ce constat la redresse aussitôt.

« Ma foi, puisque c'est ce dont vous voulez manifestement parler, considère que toute vie est précieuse, même celle d'un bourreau. »

L'autre l'observe, attentivement. Elle tente de détecter les micro-expressions, se prend pour une mentaliste, peut-être l'est-elle devenue à force de tutoriels suivis sur un réseau social.

Enfin, l'entretien se termine, sans le moindre relâchement. L'épouse en sort, exsangue, avec la désagréable sensation d'incarner Jeanne d'Arc après l'examen de son entrejambe par les dames de Gaucourt et de Trèves. Elle ne pensait pas devenir Française de façon rétroactive, mais soit.

C’est au tour de l’époux. Il ressort, lui, quelques minutes plus tard, tout souriant. « Oh, ça s’est bien passé », dit-il.

« Elle m’a dit de faire attention aux faux mariages. »

Vous pouvez embrasser la bénéficiaire, dit au créancier la prêtresse en cuissardes.

Boucle 9. Aiguille

On se retient de savourer pleinement l'avènement de l'amour, d'un côté comme de l'autre, quand l'intention d'un des conjoints est constamment remise en cause par la société. Quelques jours après avoir été soumise à la Question, l'épouse a rendez-vous avec la commissaire. Contre toute attente, c'est l'une des rares entrevues agréables que l'épouse a vécues durant son parcours de régularisation.

La commissaire est assise à son bureau. L'épouse la trouve belle et puissante. Elle est ravie que ce soit une femme. Dans son polo bleu ajusté et son treillis bleu marine en tissu Ripstop, elle impose le respect.

L'officière lève les yeux vers l'épouse, qui est saisie par ce regard bleu d'où se diffuse une douceur de mer calme, de montagnes gravies lentement avant le lever du soleil, de sonates sensibles écoutées durant de longues heures, une tasse de thé à la main. Y tremperait-elle du pain, par hasard ?

Elle se met à imaginer une histoire d'amitié entre une clandestine et une commissaire, mais déjà on l'invite à s'asseoir.

Les questions sont posées de la façon la plus délicate possible. Elles portent sur les projets de vie, d'achat immobilier, d'enfants. Elles abordent les vacances, les villes visitées en France. Heureusement, l'épouse, qui aime voyager, n'aime rien autant que chercher à connaître la contrée dans laquelle elle vit, aussi l'interrogatoire se transforme-t-il en conversation.

À mesure que l'entretien progresse, les questions n'en sont même plus. Ce sont des caresses sur la croûte d'une blessure que la commissaire devine. Je vous vois, dit en filigrane le ton de sa voix, réduite en un doux murmure de ruisseau. Je vous sais.

« C'est normal de vouloir vivre décemment. Ce n'est pas une infraction. Nous avons bien inventé des sprays anti-moustiques pour pouvoir visiter vos pays, non ? »

L'épouse fronce le nez, cela fait reculer les larmes.

« J'aimerais vous laisser tranquille, mais je dois vous rendre visite en compagnie d'un de mes collègues, à votre domicile. C'est la dernière étape avant votre rendez-vous final en préfecture. Nous avons pour devoir de vérifier que vous vivez bien en ménage. Il existe des faux ménages, vous comprenez ? »

Elle comprend. Les vrais comme les faux. La conjugalité contrainte, celle que l'on choisit. Dans les deux cas, un contrat fondé sur un besoin, rarement sur une envie, comme le sien.

« Nous passerons en fin d'après-midi, quand vous serez tous rentrés à la maison. »

Le jour dit, ils sont donc tous là, parents et enfant. Les policiers sonnent à la porte, on la leur ouvre.

L'épouse tente de garder son sang-froid devant le gilet pare-balles, le noir profond de la crosse de métal. Bonsoir, dit-elle à l'homme enveloppé dans la lourdeur imposante de l'armure, avec toute la courtoisie possible. Entrez, bienvenue. Voulez-vous du thé ?

Ils déclinent poliment l'offre. Eux aussi doivent retenir leurs élans.

L'enfant, assise à son bureau, s'accroche à sa poésie, tête baissée vers le cahier. Elle murmure un bonjour timide. La mère, à chaque occasion, vient lui caresser le dos pour l'apaiser. Le policier qui accompagne la commissaire a le visage avenant. Il sent sa peur, et tente de lui faire comprendre qu'il est papa.

Pendant ce temps, l'officière balaie le salon du regard, remplit les cases de sa fiche. Elle jette un œil rapide et gêné aux chambres, après en avoir demandé l'autorisation, et coche les carrés prévus à cet effet.

Vie maritale — Coché.

Armoire double avec vêtement débordant légèrement — Coché.

Lit fait tout récemment, pas trop parfait — Coché.

Tout le monde est en pyjama — Coché.

Le policier, lui, fait de son mieux pour mettre l'enfant à l'aise — et pour se sentir moins gauche. Cette mission a beau lui déplaire, il faut bien qu'il nourrisse son foyer.

« Tu es en quelle classe ? Mon fils aussi ! Comment s'appelle ta poésie ? C'est du Baudelaire, du Chateaubriand ? Ah, Maurice Carême. J'aime bien Maurice Carême, mon fils l'a eu la semaine dernière. Je l'ai encore en tête, veux-tu que je t'aide à réviser ? »

Mon cartable a mille odeurs.
Mon cartable sent la pomme
Les livres, l'encre et la gomme
Et les crayons de couleur.

L'enfant mime les vers avec lui, du bout des lèvres, sans faire entendre sa voix. Moi, sa mère, j'entends la promesse qu'elle me formule en elle-même :

Il ne sera pas dit que l'on aura eu accès à l'intégralité de notre intimité. Un bout de celle-ci sera conservé dans les sons que je n'aurai pas produits. En silence, je fais de mes cordes vocales le refuge de ta dignité exposée, de l'écartèlement de ton besoin d'exister. Dans ma gorge dissimulée derrière Maurice Carême, je hurle à ta place qu'il est légitime que tu réclames ce que tu réclames, que tu n'as pas à en avoir honte, même si, de ta vie, c'est la première fois que tu as à exiger un droit fondamental. Que même si ce qui relève de l'évidence est présenté comme une demande exagérée quand tu le sollicites, je sais que tu y es éligible.

Mon tigreau. Je réfléchis déjà à la manière de la débarrasser de ce poids que je n'ai pas voulu lui faire porter. Mais pour l'heure, je savoure ce pacte qu'elle me propose de signer, ce traité secret entre mère et fille.

— • —

On se retient de quitter quand ça ne tient plus. Car alors seraient libres de fuser les phrases assassines, flèches projetées en plein cœur, depuis l'arc du créancier :

Tu as eu tes papiers grâce à moi. Tu existes parce que je te l'ai permis. Je t'ai extirpée du trou. J'ai partagé mes papiers avec toi. Je savais bien que tu ferais ça. Comme par hasard, deux ans, cinq ans, dix ans, vingt ans après que tu es devenue Française, tu me quittes !

et dans les mots de nos proches, qui nous aiment et nous veulent du bien :

Es-tu certaine de vouloir partir ? Ne risque-t-on pas de dire que tu ne voulais que la régularisation de ta situation ?

Est-ce un complot de plus pour maintenir les femmes sous coupe ?

Elles n'ont pas sifflé, les flèches, me concernant, ou alors je n'y ai pas prêté oreille. Il est bon de laisser reposer un cœur ayant été attaché, de ne pas le soumettre aux remous.

Je crois que l'on peut être accusé de tout, absolument de tout, sauf d'avoir trop aimé. Pourquoi ne pas tremper entièrement ce bout de pain, après tout, le reprendre avec une cuillère et quelques gouttes de thé ? Pourquoi se priver de la saveur de la vie sous prétexte qu'il serait risqué de vivre, quand le droit d'exister se réduit à une option, une possibilité pouvant être retirée ?

Boucle 10. Panique

« Que feras-tu, Maman, une fois que tu auras la permission de vivre en France tout le temps ?

— La même chose que maintenant, chérie. T'emmener au musée, t'acheter ces glaces italiennes qui tournicotent sur le cornet, te choisir des livres à la bibliothèque. Trouver un travail que j'aime. Mais je serai surtout moins soucieuse.

— Ah, je préfère cette dernière activité. Jouer à être moins soucieuse. Mais dis-moi, qui décide de donner ou de retirer la permission de rester quelque part ? »

Je serre l'enfant contre moi, incapable de lui répondre. Qui décide de la chance ou de la malchance ? Qui détermine ceux qui posséderont une carte d'identité et un passeport valable dans plus de cent pays, et celles qui devront constamment demander la permission de quitter la maison ? Qui est libre de rentrer chez soi quand il le souhaite, qui doit respecter un couvre-feu ? Qui choisit dans quel cœur placer la paix ou la peur, la quiétude ou l'urgence, la sécurité ou la panique ?

La crainte ne me quittera jamais. Elle restera tapie dans un coin, non pas de mon esprit mais de mon corps. Gustave le crocodile peut bien être entièrement immergé dans l'eau, ses yeux demeurent à la surface, montant la garde, scrutant le paysage autour de chaque évènement heureux, cherchant la brèche, la raison de s'inquiéter. Gustave ne demande pas un permis de séjour, mais un permis de se réjouir. Il m'a appris que, fait étonnant, la respiration n'a pas seulement lieu dans les poumons. On n'a pas idée du nombre de muscles qu'il faut mobiliser pour inviter l'air à entrer en nous. Le cou, la poitrine, le dos, les épaules, le ventre. Quant aux jambes, croisez-les et vos inspirations seront plus courtes. Je l'ai découvert lors d'un de mes nombreux séjours à la préfecture, quand je pliais-dépliais mes orteils afin de calmer les picotements causés par mes globules rouges qui couraient, affolés, craignant que je ne passe à nouveau plusieurs heures dans le froid. Tous ces muscles, la panique a le pouvoir de les figer, afin que votre respiration soit la plus discrète possible. Réflexe de proie. Ne pas inspirer jusqu'au palier, s'arrêter à mi-chemin puis expirer un mince filet d'air.

Le reptile est devenu mon ami. Il me sauve à présent des situations dangereuses. Il accourt dès qu'un mal me guette, me soufflant la bonne attitude à adopter en toutes circonstances. Ainsi, si le ciel s'effondre, je saurai garder mes habitudes alimentaires, manger des lentilles et autres aliments riches en fer, boire beaucoup, penser à dormir, pour que la chair soutienne l'esprit. Je lirai énormément, me nourrirai de poèmes. J'écouterai, aussi, des émissions philosophiques sur l'art de vivre, avec soi et avec les autres. Je m'installerai en moi-même, et prendrai corps, entièrement, comme disait la psychologue : *posez vos pieds à plat sur le sol et sentez, sentez comme vous êtes là, comme votre corps a une consistance.* Et ce, même si tout me fait croire que ce corps est fait de vapeur, même si parfois je saisis pleinement le sens de ce mot, désintégration. Car l'un des effets secondaires de la panique permanente est qu'elle vous désintègre, si vous ne savez la réguler.

Cela commence dans l'espace étroit entre le nez et la lèvre supérieure, voyez comme c'est discret. Les soufis appellent ce lieu *le sceau de l'ange*, parce qu'il se dit que c'est à cet endroit que l'ange Gabriel, Djibril pour les arabisants, appose la dernière touche du façonnage de votre enveloppe de chair. Après vous avoir exposé le contenu entier de votre vie de la naissance à la mort et les circonstances de celles-ci, il pose en cet endroit son doigt lumineux, vous ordonne d'ouvrir vos paupières fines, et murmure : *shhh. Pas un mot de tout ce que je viens de dire à qui que ce soit, pas même à toi.*

Une fois qu'elle a consumé le sceau de l'ange, la brûlure de la désintégration gagne les joues, se déplace vers le haut, envahit les oreilles, qui s'échauffent furieusement ; ensuite, elle descend par la courbe du cou, très vite, pétrissant la peau avec une telle délicatesse qu'on ne sent pas son être s'effacer peu à peu, non pas s'effriter, ni se liquéfier, mais se dissoudre, voilà, vous vous dissolvez, elle est jolie cette forme du verbe, *dissolvez*, on sent presque l'odeur expansée du liquide volatil destiné aux ongles vernis et l'acharnement du coton et c'est exactement l'effet qu'opère la panique sur vous. Puisque cela commence par le nez et la bouche, cela doit pouvoir être apaisé à partir du même endroit.

Quand le crocodile survient, ses yeux globuleux émergeant de notre fleuve de tranquillité, il importe de faire rentrer en soi tout l'air que l'on peut, et d'expirer lentement, comme le font les *yogis*, mais avec la conviction que ce reptile ne peut plus rien contre soi, qu'il ne peut qu'agir dans notre intérêt, quand on en aura besoin, seulement à ce moment-là.

On peut ensuite l'inviter à nous suivre, à ouvrir ensemble la porte d'entrée, devant laquelle on aura posé un paillasson où figure le dessin d'un fleuve bordé par des jacarandas. Là, il attend, calmement, le moment où l'on fera appel à lui.

Je suis certaine qu'il vit encore, quelque part au large du Burundi. Gustave sème encore la terreur. Je sais maintenant comment l'empêcher de me dissoudre, comment ne plus cadenasser mes jambes chaque fois qu'il surgit sous la forme d'un coup du sort.

Dans mon cœur, j'en ai fait mon allié.

Il vagira au moindre écart de conduite à mon égard, guettera les duperies de ceux qui voudraient se jouer de moi.

Il me préviendra quand il sera temps de payer les factures, de solder les dettes, de faire les courses, d'inscrire l'enfant à son activité extrascolaire ; me portera sur son dos pour traverser les tempêtes de la vie.

Il traquera les addictions qui seraient tentées de se frayer un chemin jusqu'à ma bouche.

Il me tiendra la tête pour que j'ose soulever le voile de l'opprobre, pan par pan, jusqu'à ce que je retrouve, dissimulé dans ses plis, ce qui a toujours été là, cette boussole parfois enfouie si profondément qu'il nous arrive d'en oublier l'existence.

La dignité.

« Tu n'as pas répondu à ma question, Maman. Et tu m'étouffes, serre-moi moins fort !

— Oh, pardon, chérie. C'est que tu es si moelleuse !

— Je t'informe que je ne suis pas un doudou ! Alors, ma réponse ?

— Eh bien, je dirais que de tout temps, les humains ont cherché à marquer leur territoire.

— Comme les chats et les chiens !

— Voilà, comme les animaux. Seulement, nous ne nous contentons pas d'un arbre ou d'un poteau.

— Mais oui, les humains font pipi partout ! Sur tout un pays, dans la mer, dans le ciel, et même dans l'espace ! Nous sommes des pisseurs universels. »

Elle éclate de rire, je la chatouille, nous rions ensemble. Son frère se joint à nous et murmure un *je t'aime* sur un ton si calme, si mature, si *adulte*, qu'une pensée me frappe : et si, durant tout ce temps, j'avais retenu non pas la joie, mais l'idée d'en profiter sans avoir fait en sorte de *la mériter* ?

Tant que je vivais sur la terre de Gustave le crocodile, peu m'importait d'être la première de la classe, de rapporter les meilleures notes à la maison, d'être informée de l'actualité politique qui pourtant m'était proposée dans les magazines pour la jeunesse. Dès que nous avons quitté ces terres inconnues des miens, mais qui constituaient mon patrimoine, et que nous sommes revenus sur l'île de mes parents, j'avais découvert que je n'étais plus l'insulaire importée sur le continent, fascinante pour ce qu'elle représentait. J'étais une pièce rapportée, une contrefaçon de Comorienne, et il me fallait prouver à mes nouveaux cercles, à l'école française comme à l'école coranique, que je méritais leur attention et leur considération. Dès lors, j'ai adopté le masque de la première de la classe, de la fille réservée toujours cachée dans son voile, et quand, à l'adolescence, mon cœur rebelle s'entichait du mauvais garçon pour me tirer de la posture inconfortable de l'enfant sage, je m'y enfonçais plus avant encore, soucieuse de maintenir la réputation qui me garantissait une place. Plutôt être respectée et reconnue que jalousée puis ignorée : la même dynamique m'avait maintenue dans un silence de marbre pendant ma période clandestine, car il était hors de question que je m'expose à ce qui pouvait écorcher l'image impeccable que j'avais peinte de moi. J'avais multiplié les accomplissements, les partenariats, les attestations de réussite en cours, pour masquer ce que je prenais pour un horrible échec et qui n'était en fait que la réalité d'un système fait pour en élever certains et en rabaisser d'autres, selon des critères parfaitement arbitraires. J'avais été contrainte de fonder mon existence sur le lustre, et ma situation de ces dernières années avait menacé de me démasquer. Je m'étais battue de toutes mes forces contre ce dévoilement, effrayée à l'idée que l'on découvre qui j'étais derrière tout cela : une femme comme les autres, un être qui se relève de ses chutes aussi maladroitement que le dernier des péquenauds.

Et voilà que ces deux petits êtres, qui ne savent absolument rien de l'image que j'ai tenté de sauvegarder, qui ignorent pour le moment les gouffres par lesquels il faut passer pour donner naissance, qui n'ont objectivement aucune raison tangible de m'admirer, de m'adouber, ne possédant aucun moyen de me décerner un prix littéraire ou de consulter mon mur Facebook rempli d'aphorismes inspirants, me déclarent leur amour. Gratuitement, librement, alors que je ne brille en rien ce jour-là : ni par une mise particulièrement élégante — à moins que le pyjama en coton ne soit revenu à la mode à mon insu —, ni pour avoir érigé une tour de blocs de bois.

Je suis là, sans masque, dépourvue de rôle à jouer, simple quidam en pagne et t-shirt, sans même avoir préparé le dîner, et je réalise soudain que je me trouve au cœur de ces versets : *le paradis se trouve sous les pieds de celles qui aiment : chaque jour l'univers s'étend un peu plus dans leur cœur, qui pourtant le circonscrit*[1]. Me voilà, me tenant à l'endroit exact où il pleut de l'amour, là où les choses qui arrivent peuvent aussi être belles.

Doucement, une fibre après l'autre, je reprends chair.

C'est bon, c'est doux, c'est fondant, comme un bout de pain qui se gorge de thé.

---

1 Libre interprétation de la maxime attribuée à la tradition musulmane : « Le paradis se trouve aux pieds des mères. »

Boucle 11. Congélateur

Haut fait d'un mystique rencontré dans le désert

Il se nommait Uways Al Qarâni. Il vivait à l'époque où Muhammad, fils du marchand bédouin Abdillah, a reçu sa mission prophétique des mains de l'archange Gabriel. On murmure, mais pas trop fort afin que des oreilles indignes n'en fassent pas toute une histoire, qu'il aurait instruit le jeune garçon avant que ce dernier ne prenne connaissance de son devoir divin, dans quelque grotte perdue au cœur du désert de Hidjaz.

Un jour, alors que Muhammad prêchait auprès de ses compagnons et des habitants de La Mecque, il mentionna le nom d'Uways. « L'un d'entre nous, caché dans la foule, est déjà au paradis », affirma-t-il, après qu'on lui a posé une question à propos de cette promesse de la Révélation.

Une fois le sermon terminé, un des compagnons s'empressa de rattraper Uways.

« Qui es-tu, toi que nous ne connaissons pas, toi qui n'as pas émigré avec nous, toi à qui le paradis serait acquis ? »

Uways le regarda longuement, lui et ses richesses qu'il avait accumulées dans un coffre, sans rien dire. Puis, avant que l'autre ne s'impatiente, il répliqua par une question :

« Et toi, sans tes possessions, qui es-tu ? »

Après quoi, il s'évapora dans le vent et plus personne ne le revit jamais.

Il convient de balayer la paume de sa main gauche à l'aide de la droite, vers le haut, pour mimer le vent qui emporta et l'âme et le corps d'Uways à cet instant-là.

Une statuette, un fauteuil en rotin, un tapis particulièrement ouvragé sont autant de possessions qui témoignent d'une âme voyageuse. C'est également le cas pour un congélateur, seulement le voyage dont il témoigne ne possède pas toujours la même saveur. Dans une famille d'immigrés de première génération, il peut être élevé au rang de meuble indispensable. On pose dessus les huiles et les beurres venus du pays d'origine, et dedans se tassent plusieurs kilos de viande, de légumes et de galettes précuites. Tout ceci n'est pas destiné à nourrir une famille de dix, parfois elle ne compte que trois ou quatre membres. Cela ne rend pas le congélateur moins utile, loin de là, mais nous ne cherchons pas l'utilité au bon endroit. Cet objet ne vaut pas par sa contenance et sa capacité à protéger la chaîne du froid. Il rassure. En y emmagasinant sa nourriture, on se prémunit contre un sentiment assez familier, celui de la peur. La crainte d'être découvert en tant que travailleur n'étant pas censé vivre en cet endroit. Il s'agit du plus grand placebo qui existe, tant par la taille que par l'effet qu'il produit sur la psyché : il procure une sécurité d'intérieur, à défaut d'être intérieure.

La même mission est remplie par d'autres objets du même ordre. Armoires et chemises cartonnées contenant tout document portant votre nom ou attestant de votre activité durant la dernière décennie : toutes les preuves de votre présence sur le territoire depuis le début de votre périple en terres interdites.

Ces documents sont la condition nécessaire à la délivrance du sésame qui vous est presque acquis. Encore un dernier effort pour tester votre détermination.

L'incongruité de la situation est d'autant plus surprenante que vous les détenez, ces preuves, car vous avez suivi les conseils d'un certain Djibril : tickets de métro, reçus d'achats au supermarché ou au restaurant, rares ordonnances obtenues après avoir payé la consultation en avance, courriers publicitaires, autant de signes démontrant que vous avez respecté la danse en périphérie.

Il restait maintenant à suivre les différentes formations destinées à ceux qui souhaitent s'installer en France.

L'une d'entre elles visait à vérifier votre connaissance de la langue française, pour ensuite déterminer le besoin de suivre des cours. L'agent chargé de me tester ayant compris que je n'en avais pas besoin, nous discutâmes de politique internationale et de football durant l'heure allouée à l'examen.

Une deuxième journée fut dédiée à l'étude de l'administration française, de la vie civile, et de l'Histoire de France. Jeanne d'Arc, Clovis le Franc et la Marianne nous furent présentés, flamboyants.

L'agente du guichet me salue avec un grand sourire.

« Bientôt, on pourra prendre rendez-vous en ligne. Et il n'y aura plus la queue devant le bâtiment. Tout cela parce que des gens comme vous ont eu le courage de nous écrire, d'ajouter leurs doléances aux nôtres. Nous avançons ensemble, vous savez ?

Bon, revenons à votre dossier. Vous pouvez demander un séjour de dix ans, madame. Et la nationalité, en qualité de mère de Français.

— Dix ans, sans venir à la préfecture ?

— Eh oui, vous avez réussi. Alors, souhaitez-vous rester définitivement en France ? »

Le souffle court, j'avale ma salive. Ai-je bien entendu ? Est-ce bien la première fois que l'on me propose de rester, que l'on ne me somme pas de partir ? Cette question ressemble à une demande en mariage survenue après plusieurs années d'attente, et mes jambes, celle de la dignité et celle de la sécurité, ne sont pas unanimes sur la réponse à fournir. Demander un renouvellement des vœux au lendemain de tant de tergiversations, voilà qui est un peu cavalier.

On peut parler durant des heures de la politique que tu vis dans ta chair, ça ne changera rien au fait que pour l'instant, c'est ici que tu peux te construire comme tu l'entends. L'humanité, c'est une entité mouvante.

« Non, Djibril, murmuré-je en moi-même. Je ne *peux* pas. Je *veux*. »

Le tigre se présente sous mes paupières fermées, les fentes de son regard se confondant avec le mien. Il ne me questionne plus. Il se penche et boit, paisible, dans le lac de mes iris.

« Oui. Je souhaite m'installer définitivement en France. »

Elle me tend ma carte. Rose et bleu ciel.

À peine ai-je le temps de me retourner que je suis happée par la marée humaine qui déferle par les portes, ouvertes en grand. Entre dans la salle, par trombes et en un flot ininterrompu, la foule des damnés de la Terre.

Mes frères et sœurs en retenue, ma famille Crocodile.

Sur le chemin du retour, le sang bouillonne dans mes tempes. Il s'étend fiévreusement dans les capillaires qui tapissent mon visage, picote, fourmille de ce que je ne sais définir. Ai-je conscience que je viens de me libérer de ma propre prison ? Comprends-je pleinement l'ampleur de ce que je viens de m'offrir, comme preuve que nous sommes, réellement, résolument, capitaines de nos vies ?

Le troisième jour après que cette immense question a été réglée, je tombe malade.

Rage de dents. Elles peuvent enfin se libérer de toutes les phrases qu'elles ont retenues derrière leur barrière d'émail. Des mots durs, des soupirs tristes, des déclarations d'espoir aussi, de puissants cris d'amour, d'incompréhension et de colère. Il semble que la France et moi, nous formions un couple comme les autres.

Pour la première fois depuis plusieurs années, je franchis le seuil d'un cabinet médical spécialisé. Je dégaine ma carte de sécurité sociale avant que le dentiste ne me l'ait demandé, ainsi que ma carte bleue, avec mes nom et prénom gravés dessus ; non pas ceux obtenus par le truchement d'un contrat faustien, mais bel et bien les miens, ceux que j'ai reçus à la naissance. Tout au long du soin, je réalise ma chance, ma victoire, ce qui a pour effet d'ouvrir ma bouche en grand, moins sensible à la piqûre dans ma joue que je ne l'aurais été autrefois. Peut-être tiens-je un peu moi-même du crocodile.

J'ai de nouveau apprivoisé les grandes gares de Paris. Et quand j'ai enfin pris l'avion, le sentiment d'enfourcher un cygne m'a traversée.

Il n'empêche. Je ne sais pas toujours que faire de cette liberté de mouvement retrouvée. Mes gestes sont encore brusques et désarticulés. Je me roule encore en boule dans le train, évite les squares, change de trottoir quand la plus légère altercation s'annonce.

Maintenant que le Grand Effroi s'en est allé, il semble plus présent que jamais. Il ne s'agit plus de disparaître, mais *d'être*, avec la responsabilité que cela implique, et les inévitables conséquences. Par exemple : faut-il être redevable, à vie, à ceux et celles qui m'ont accompagnée sur ce chemin ? Devrai-je désormais et pour toujours me circonscrire à leurs désirs ? Et pourquoi se battre autant pour vivre s'il faut se retenir d'être soi ? Ne pouvons-nous garder une amitié forte, marquée par les épreuves vécues ensemble ? Oserai-je, pour exister, trahir les attentes, quand exister a impliqué autant de péripéties ?

J'ai écrit mon chemin hors de la cage, lettre par lettre. J'ai tordu mes mots en une clé, ai insérée celle-ci dans mon cœur, l'ai tournée, comme ça, dans la serrure sanglante, sans penser à la douleur, et je suis sortie. J'ai appelé au secours, on m'a aidée, et j'ai poursuivi ma route, avec mon crocodile en laisse.

C'est de cette façon que ma famille et moi avons fui la guerre. Nous n'avons pas fui, d'ailleurs. Nous

nous sommes sauvés et je n'ai rien à nous reprocher quant à ceux que nous avons laissés sur place. Nous ne pouvions pas construire une arche, le temps ne le permettait pas. Alors mon père nous a saisis par le cou, comme le font les chats, et nous sommes partis. Notre vie est légitime. Ma vie, quoi que j'en fasse, est légitime. Chacun de mes pas a sa raison d'exister. Il ne sera pas dit que mes enfants porteront mon poids dans la gorge.

Djané

Une contrôleuse s'approche d'un jeune homme assis à ma gauche dans le train. Il baisse sa capuche, espérant ne pas être vu. Elle lui demande son titre de transport, et aussitôt, il sort de sa poche un papier. Il explique, posément, qu'il a effectué une demande d'asile depuis quelques semaines et qu'il n'a pas encore reçu son titre. Sa voix ne tremble pas.

Je lui paie son amende. Nous sortons, il franchit avec moi le portique de la gare. Je lui achète un pass de transport, que je charge pour la semaine. Je lui transmets les conseils de l'avocat gratuit, ceux de Djibril qui s'appliquent à sa situation.

Il est peintre. Il a traversé la Libye, l'Italie, et je saisis l'occasion pour lui demander où il va, d'où il est parti. Quelles collines il a gravies.

Il me montre, au loin, le logement qu'il partage avec quelques amis, *tu peux nous rendre visite si tu veux.*

Je me contente de sourire et lui demande de me montrer ses créations. De l'écran de son téléphone surgit, à mi-chemin entre les juxtapositions de Picasso et les rondeurs de Gauguin, une explosion de couleurs chaudes enserrées dans des tons plus froids, gouttes d'or et de vermillon figées dans un bleu-gris austère.

Nos vies s'y déploient, souffles libres entourés d'un silence de neige.

La corde nouée

On raconte, ô sultan des mers et des terres, on raconte que dans la ville de Mekka vivait un berger bédouin qui s'était fait messager du divin. Un jour, alors qu'il rentrait ses moutons, il découvrit un homme dans sa maison. Un vieillard qui l'attendait, à qui sa femme venait d'offrir un bol de lait pour le faire patienter. Le vieillard venait avec une requête.

« Mon fils est malade, a-t-il dit. Nous avons tenté tous les remèdes possibles et imaginables mais il ne cesse de gémir en se tenant le ventre. J'aimerais que tu l'aides, au nom de Celui qui tient nos vies entre Ses mains. »

On amena le fils apathique au berger bédouin, qui l'examina en posant son oreille sur le cœur, exactement sur le cœur et nulle part ailleurs. Puis il déclara :

« Ton fils souffre d'indécision. Il est si intelligent et si beau que ton voisinage t'envie, mais en même temps, il souhaite vivre librement sans se soucier de ce que toi, ou tes voisins, pourriez en penser.

— C'est vrai ! Je le presse de choisir un lieu où s'établir et une épouse, mais il hésite tant que je finis par me mettre en colère !

— Et plus tu te fâches, plus il s'enferme, cela lui cause des douleurs à l'endroit où se forment les décisions. C'est un sort qu'on vous a jeté. Envoie quelqu'un dans le puits près de ta maison, demande-lui d'y plonger jusqu'au fond. Il y trouvera une corde portant plusieurs nœuds. »

L'homme s'exécuta. À sa grande surprise, la prédiction était vraie : on trouva une corde solidement nouée. Onze fois. On l'apporta au messager, qui la prit dans ses mains, et se mit à réciter des poèmes qui avaient jailli de sa poitrine quelques jours auparavant.

Je me place sous l'aile de Ce qui redresse les humains,
Ce qui préside à leur destin
Ce que vénère leur cœur
Puisse Cela me préserver de l'indécision nocive.
Celle qui s'insinue dans les poitrines des humains,
Qu'elle vienne de l'Inconscient ou de l'Oublieux.

Je me place sous l'aile de Ce qui régit les trajectoires.
Puisse Cela me préserver du mal qui en a découlé
Du mal de l'ombre
Du mal de ce qui défait les liens
Du mal de quiconque m'envie, quand l'envie le saisit[1].

Pour chaque vers déclamé, il dénouait un des nœuds. Les deux poèmes-prières comportaient respectivement six et cinq vers ; onze au total, comme les onze boucles de la corde. Lorsqu'il eut terminé la récitation du dernier verset, il défit le dernier nœud, et

---

1 Libre interprétation des sourates 113 et 114 du Coran.

aussitôt le fils de l'homme fut pris de soubresauts ; un instant plus tard il ouvrit la bouche en grand, l'air s'engouffra dans sa gorge dans un sifflement, et il se redressa, guéri.

Oui, mais. Souvent remontera sournoisement cette lente aria du complexe du survivant, et il est illusoire de croire que l'on pourra s'empêcher de chercher, dans les plis de la joie, de quoi réfréner le gonflement d'enthousiasme, ou au contraire de hâter ce dernier, anticipant sa fin prochaine.

Cependant, il est possible de domestiquer le crocodile. J'ai initié le mien au goût sucré, amidonné du pain, à sa texture molle une fois humidifié, suivant la recette qui suit, à appliquer d'urgence en cas de rechute.

Tchaï (thé)

(Note : il s'agit en réalité d'une tisane, qu'aux Comores on appelle quand même tchaï. *C'est une question de souveraineté nominale.)*

Verser de l'eau dans une casserole,

Y jeter trois clous de girofle,

trois généreuses gousses de vanille, un bâton de cannelle bien épais,

de longs doigts de citronnelle,

du gingembre frais pilé,

Faire bouillir le tout et le verser dans un bol transparent, avec autant de sucre que l'on veut.

Trempage du pain

Couper un morceau de pain avec la mie.

Le tremper dans la tisane, lentement, regarder à travers le bol transparent comme la mie se déploie, s'étire, étale ses membres alvéolés

profiter du spectacle aussi longtemps qu'on le souhaite

puis lâcher le bout resté entre ses doigts.

Faire tourner le pain avec une cuillère à soupe, puiser le tout, le porter à sa bouche,

Déguster la joie.

Achevé d'imprimer en mai 2025
par Normandie Roto Impression s.a.s., 61250 Lonrai
N° d'édition : 01
Imprimé en France – N° d'impression : 2501989